部下が勝手に成果を出す！

リーダーの口ぐせ

倍増経営コンサルタント
中尾友和

Clover
クローバー出版

はじめに——口ぐせで「人・組織の稼ぐ力」が倍増する

はじめまして！　私は「倍増経営コンサルタント」の中尾友和です。**人や組織の「稼ぐ力」を倍増させて、心も財布も豊かになってもらうお手伝い**をしています。

本書のコンセプトもそっくりそのまま、〝稼ぐ力を倍増させる〟ための考え方、そして方法論をたっぷり詰め込みました。

さて、稼ぐと言うと、お金の話になりがちですが、私は、「ありがとう！」を稼ぐ力を付けることで会社の利益が上がり、結果としてお給料も上がり、みんなが笑顔になると考えています。

まずは、簡単に自己紹介をさせていただきます。私は大学卒業後に『伊右衛門』などで有名な緑茶メーカーに入り、そこで12年間、ドラッグストアやスーパーマーケットなどの量販店にお茶の葉っぱを置いてもらう営業をしました。

会社員時代の実績は、新規開拓店舗数５００以上、自分のチームの粗利を３年間で４倍増、社員700人の中で年間最優秀社員賞を受賞――など。

また、2016年にコンサルタントとして独立した後は、次のような実績があります。
＊クライアントさんが3回（3ヵ月）の研修で新規71社を獲得（切削工具製造業）
＊年末キャンペーン売上高が前年比576％を達成（清掃用品卸売業）
＊売上高前年比180％（飲食業）
＊2年で売上高4億→7億（不動産業）
おかげさまで、私の会社（株式会社 中尾経営）は順調に成長させていただいています。

「中尾さんは、なぜそんなことができるのですか？」

私の実績を知ったクライアントさんからは、よくこんな言葉をいただくのですが、まさにその答えこそが本書に記したことです。

私は入社してしばらくは、ごく平均的なセールスパーソンでした。頑張って仕事をしている割には、成績は社内で真ん中くらい。自分に特別な才能があったとは思えません。

そんな私が、個人でもマネジャーでも高い成果を出せるようになったのは、あるとき次の三つの力の存在に気づいたからです。

それは、**①目標設定力、②当たり前力、③心理開墾力**――の三つです。

具体的な中身はプロローグで詳しくご説明するとして、ここでは本書のテーマ、メインコンテンツでもあり、「三つの力」を身に付けるためのシンプルな方法――「口ぐせ」のパワーをご紹介したいと思います。

「口ぐせ」は、人を「その気」にさせる力を持っている

人が何かで成果を出すためには、まず意識を変える必要があります。

その気のない人に、どんなに正しく、相手のためになることを話しても、結果は変わりませんよね。

しかし、**何かに気づき、本人の意識が変わると、考え方が変わります。考え方が変わると行動が変わり、発する言葉が変わります。**

内面にある意識や考え方が外に出ているのが、言葉だからです。

そして、成果を出し、成長した人は言葉遣いが変わっていることに気づきます。

シンプルな例では、自分からきちんと挨拶ができる。いつも感謝を欠かさない。誰に

対しても敬意を払う。失敗しても他人や環境のせいにしない——そんな人と会ったとき、「立派だな」と思いますよね。

人を「一本の木」として考えてみてください。私は、左の図のように、

・**土壌と根**　＝　**意識・思考**　＝　**セルフイメージ・戦略・行動指針**
・**幹**　　　＝　**行動**　＝**戦術・計画・言葉（口ぐせ）**
・**葉と果実**　＝　**成果・結果・成長**

——とイメージします。

これは個人の話ですが、あなたが管理職になったときには、自分自身だけではなく、チームを育てていかなければいけませんよね。たとえるなら、広い果樹園をつくるイメージです。

本書では、これらを踏まえて、リーダーやマネジャーとその候補者のために、人や組織の稼ぐ力を倍増させる力を身に付けていただくことをめざしています。

できれば私のコンサルティングを受けていただき、ワークショップ的な対話の場で身に付けていただくのが早いのですが、ご自分でもできることはあります。

それは、今の話とは逆に、言葉と行動から変えていくことです。

メンバー全員の「その木」を育てよう！

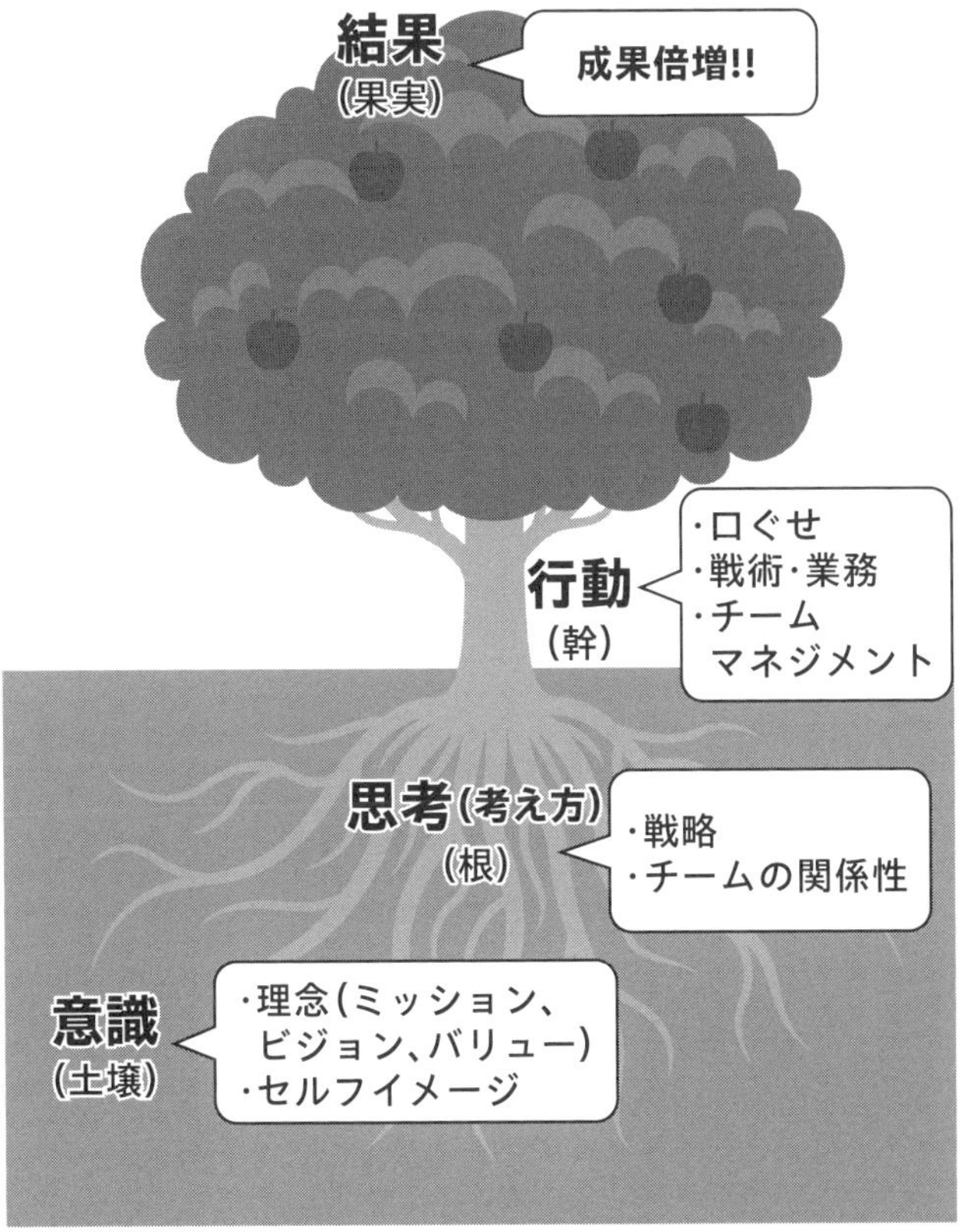

「**意識**」が変わると「**思考**(考え方)」が変わる。
「**行動**」が変わる。**それが結果につながる！**

まず言葉を変え、行動を変えつつ、意識や思考を変えていくのです。心理学では、「人は楽しいから笑うのではなく、笑っていると楽しくなる」とも言われますが、同じ理屈です。

そこでおススメなのが、本書のテーマである「口ぐせ」の利用なのです。

なぜなら、**日常的に使う口ぐせは、人を「その気」にさせるからです。**

口ぐせは、自分をその気にさせます。

メンバーをその気にさせます。

上司をその気にさせます。

そして、お客さまをその気にさせます。

説得して「やる気」にさせるのではありません。いつの間にか「その気」になるのがポイントです。「その気」にさせた上で、「その木」になるのです。

本書では、このあと紹介する「リーダーが身に付けたい三つの力」を軸に、毎日の仕事の中で使っていただきたい口ぐせと、稼ぐ力を倍増するための考え方やスキルを30個（プラスα）掲載しました。

それらは、悩みやシチュエーションに合わせて事典のように使っていただいてもいいですし、日めくりカレンダー的に利用してくださってもいいと思います。

口ぐせを変えていくことで、自分を変え、チームを変え、会社を変え、そして、心も財布も豊かな社会に変えていきましょう。

かつて私も味わってきたそんな達成感を、日々奮闘していらっしゃるあなたにも味わっていただければ、著者としてこれに勝る幸せはありません。

株式会社 中尾経営　代表取締役
倍増経営コンサルタント
中尾　友和

口ぐせ

あなたとあなたのチームの「稼ぐ力」を倍増させるダイアリー

プロローグ

人・組織の稼ぐ力を倍増させる「三つの力」

リーダーは、三つの力を身に付けよう

「はじめに」で、人や組織の稼ぐ力を倍増させるには、①目標設定力、②当たり前力、③心理開墾力――の三つの力が必要だと書きました。

とはいえ、難しく考えることはありません。これら三つの力は、良い口ぐせによって自然に身に付いていきます。

私も過去の自分を振り返れば偉そうなことは言えませんので、あなたも、肩の力を抜いて今から説明することを読んでみてください。

1 目標設定力

まず、目標設定力とは、**「目的・目標を言語化・数値化する能力」**です。

前述の通り、私は新卒で緑茶メーカーに入り、しばらくは「並レベル」のセールスパーソンとして働いていました。そんな私の人生が大きく変わったのは、他社のトップセールスパーソン（Iさん）から聞いた「ある言葉」がきっかけでした。

お茶の葉っぱというのは他社との差別化が難しい商品で、正直に言うと中身とパッケージが少し違うだけです。だからアピールしにくいのですが、前述のIさんだけはものすごく売れていました。

同じような商品なのに、なぜ成果にこれほどの差が生まれるのだろう？――不思議だった私は、あるとき、Iさんにその疑問をぶつけてみることにしたのです。

「なぜそんなに売れるんですか？　秘訣を教えてください！」

すると、彼はニヤリとして、こう言います。

「どうやったらそうなるか考えて、その通りにするだけじゃ！」

私にはその意味がまったくわかりませんでした。からかわれているような気さえしました。

でも、彼の言葉が妙に気になり、その後も、ぐるぐると私の頭の中を巡ります。そのうちに、ふとある事実に気づきました。

「そういえば、自分はどうなりたいかなど具体的に考えたことがなかったな……」と。

なりたい姿が決まっていなければ、そこに至る過程において軸が定まらず、無駄な努力が多くなって当然です。旅の目的地も正確な予定も決めずに、がむしゃらに移動しているようなものなのですから。

そこで私は、Iさんの言う通りに、考えて、実行してみることにしました。

具体的には、左の表のような逆算をしたのです。


このように方針が決まった私は、キャンペーン期間中、「どうやったら期間内に30社の新規訪問ができるか？」を口ぐせにしていました。

既存客への日常的な訪問業務がある中、期間内に30件の新規訪問はかなりハードルが高かったのですが、とにかく、やり切ることに全力を尽くしました。これが成果を挙げるためのカギだと考えていたからです。

その結果――、契約できた数は7社にとどまったものの、私は目標通りナンバー1になることができました。高い成果を安定して出せるようになったのは、そのときからです。

目的地と道筋を導き出す「問いかけ」

質問	答え
自分はどうなりたいのか	まずはこの会社でナンバー１になる！
この会社でナンバー１になるためにはどうすればいいか	「総合点」では無理でも、社内で行われていた「新商品新規開拓キャンペーン」でなら自分にも可能性がある
受注金額でナンバー１になるのは難しいが、どうする？	受注件数でナンバー１を狙おう
受注件数ナンバー１になるためには、何件くらい受注する必要があるのか？	期間中に新規10社開拓すればイケそうだ
新規10社開拓するためには、何社に新規訪問すればいいだろうか？	自分の場合は、これまで3社訪問できているから、30社に新規訪問すればクリアできるだろう
結論	30社リストアップして期間内に訪問することに全力を尽くそう！

さて、今の気づきを論理立てて整理すると、目標設定には次の二つの段階があることがわかります。

①目的（何のために？）の言語化・数値化

目的と目標は「めざすもの」という意味では同じです。

ただし、目的が「最終的に成し遂げようとする事柄やめざす到達点」を意味するのに対して、目標は「目的を達成するための指標」を指します。先ほどの私自身の話では、「この会社でナンバー1になる」ことが目的で、「期間中に新規10社開拓する」ことが目標となります。

目的は、「世界平和」や「明るい地域の実現」のように、言語化されていれば、必ずしも数値化できなくても大丈夫です。会社では、経営理念がこれに当たります。

②目標（どこをめざすのか？）の言語化・数値化

次に目標ですが、目標は数字で表すことがおススメです。

なぜなら、数字を入れることで、目標が達成できているか？　あとどれくらいで達成で

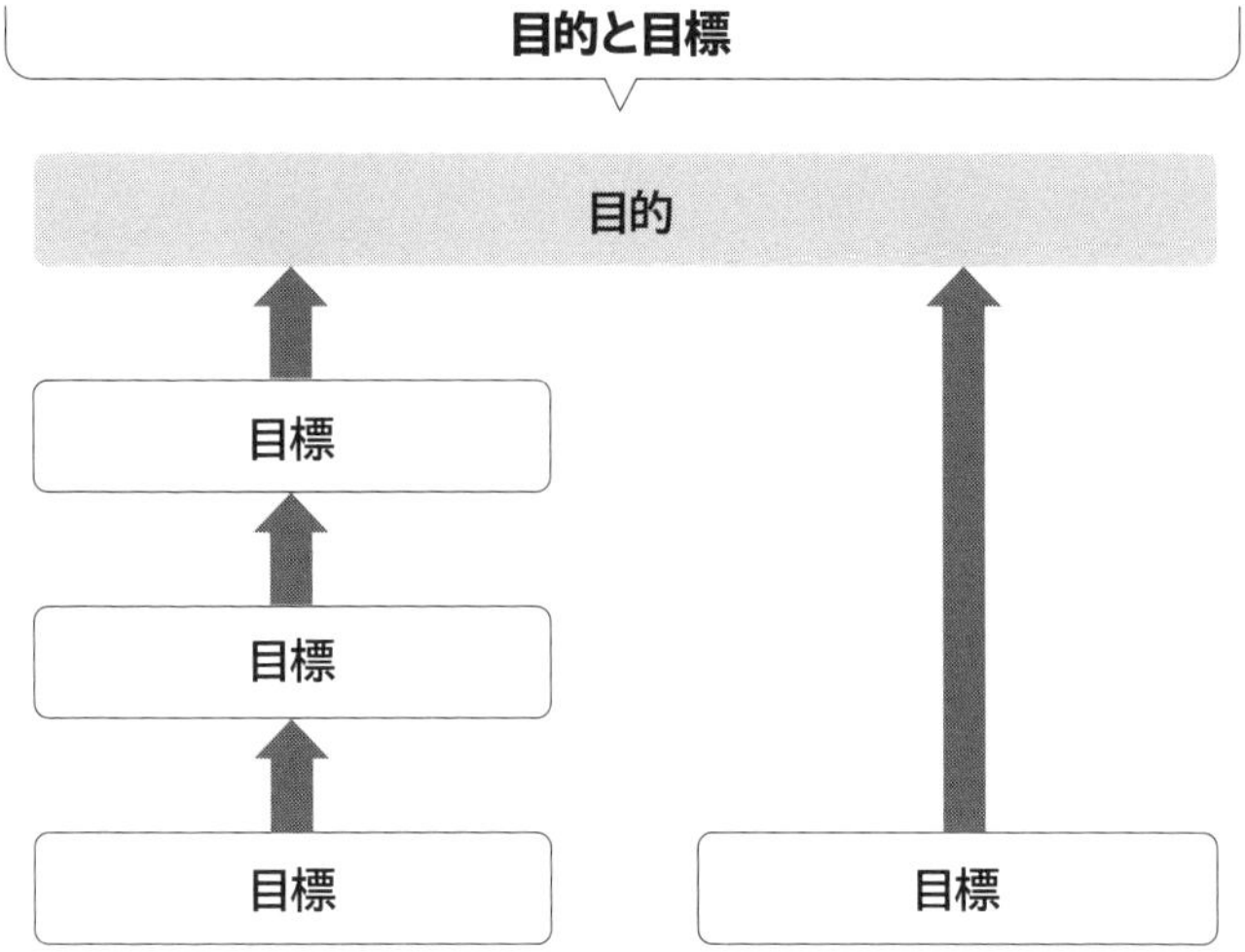

きそうか？　がわかるからです。

ここでは、ＫＧＩ（重要目標達成指標）、ＣＳＦ（重要成功要因）、ＫＰＩ（重要業績評価指標）、の設定の仕方をお伝えします。

◆成果目標（ＫＧＩ）（Key Goal Indicator＝重要目標達成指標）

ＫＧＩは、目的に沿って、最終的にめざす目標です。

先の例では、この会社でナンバー１になる成績（たとえば、期間中に売上１００万円上げる）がＫＧＩです。一般的には、売上目標や、利益目標などがこれに当たります。

◆CSF（Critical Success Factor ＝重要成功要因）

CSFでは、KGIを達成させるための道筋を描いていきます。これは数値化する必要はありません。先の例では「新規顧客をたくさん開拓する」がCSFになります。

◆成果KPI（Key Performance Indicator ＝重要業績評価指標）

KPIとは、「Key Performance Indicator（重要業績評価指標）」の略語で、目標達成に向けた取り組みや進捗を評価する指標のことを指します。

簡単に言うと、「それを達成するために、どこをセンターピン（DAY28参照）とするか？　という中間目標」です。

一般的にKPIは、ひとくくりにされるのですが、私は敢えて成果KPIと行動KPIに分けています。

先の例での成果KPIは「新規10社開拓」になります。

◆行動KPIの設定

さてKPI設定で間違えやすいのが、「行動KPI」を設定していないことです。

要は、「それを達成するために、どんな行動をどれだけの量こなすか？」ということですが、これが設定されてないと、どの行動をすればよいかわからなくなり、結局、成果につながらないのです。

先の例では、「30社との商談」になります。

――以上の話を図にしましたのでご覧ください（次ページの図）。「売上」をKGIにしたときの、KPI、CSFとの関係図です。

この図でもおわかりになると思いますが、「自分は何をしたいのか？」が明確でなかったり、目標の設定がピント外れであったりした場合には、その努力が正当に報われる確率は低くなります。まぐれ当たりすることもありますが、再現性がないので安定した成果は残せません。

私は過去の自分も含めて、そうした残念な（もったいない）ケースをたくさん見てきました。ということは、逆に言えば、**目標設定の正しい方法を理解すれば、その成果は簡単に倍増する**ということなのです。

KGIとKPIを用いて「成果が出る行動」を言語化・数値化する

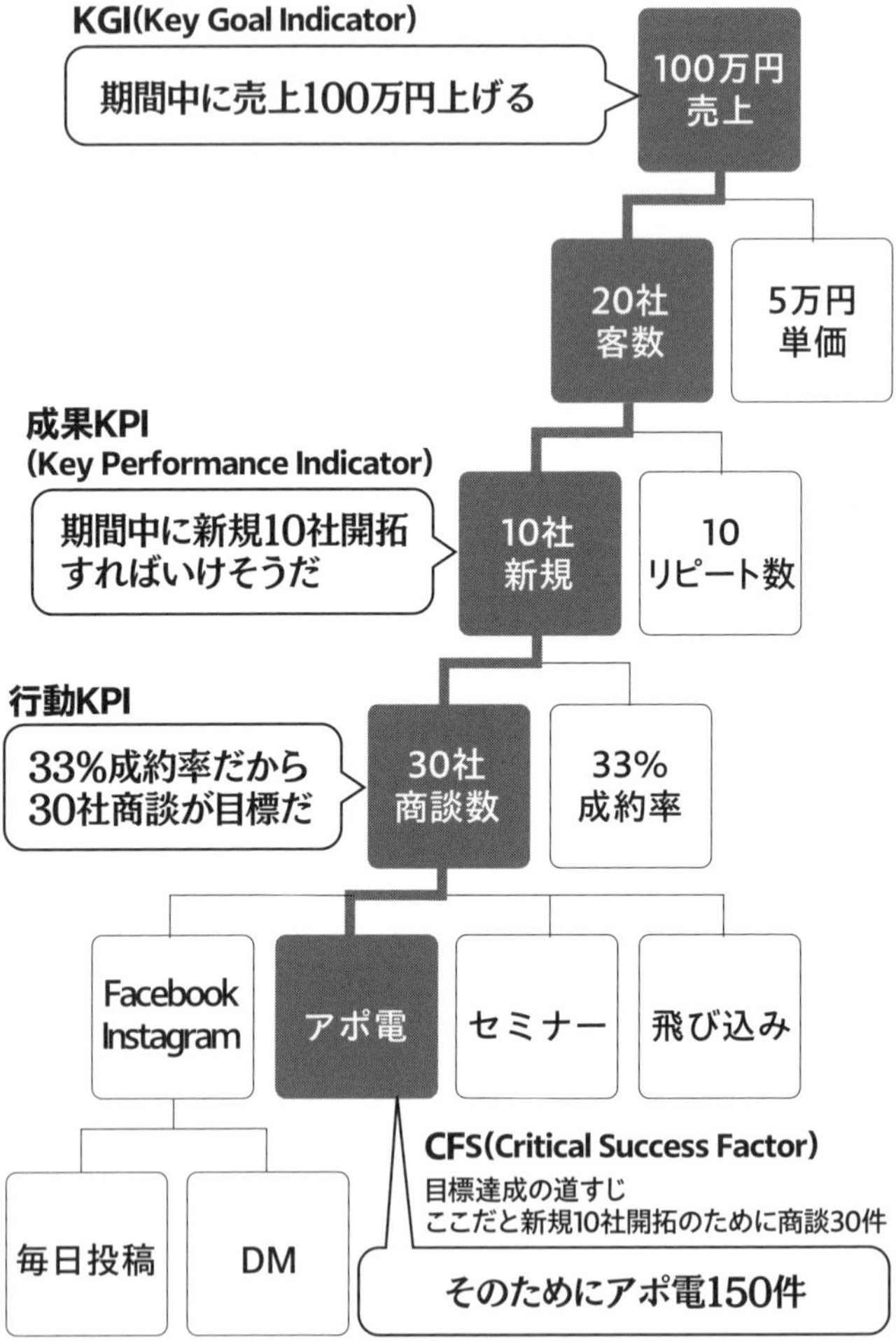

2 当たり前力

二つ目は、当たり前力です。

これを定義すると、**「基準を言語化・数値化し高める能力」**になります。

強い個人やチームは、目標設定が的確な上に、当たり前のことを当たり前にやっていくという、横山信弘氏の言葉を借りれば、「当たり前の基準」が高いのです。

たとえば、部外者が一流のチームに加わってみると「メンバー全員の意識が高くてビックリした」となるのは、ビジネスでもスポーツでもエンターテインメントの世界でも同じです。

彼らの当たり前力が高い理由は、一人ひとりが目標の先にある「目的」を持って働いているからだと私は思います。目的意識があるから、必然的に「当たり前の基準」が高くなるのです。

趣味で運動している人と、プロをめざしている人、世界のトッププレーヤーとでは、練習や日常生活における「当たり前」に大きな差があります。お菓子や揚げ物は食べないとか、1日に10時間練習しているといったことを、彼らは「努力」とか「大変」とは言わないでしょう。

あなたのような、ビジネスパーソンもそうですよ。

想像してみてください。**もしあなたが「今の会社の社長になりたい」とか、「業界の悪いところを変えたい」「みんなが働きやすい環境をつくりたい」「会社の利益を増やしてみんなのお給料を上げたい」などと本気で思っているとしたら、それにふさわしい判断や行動があなたの当たり前の基準になると思います。**

リーダーやマネジャーにとっては、これを組織文化にできるかが大きな課題となります。

「忙しくてできませんでした」

「1、2分の遅刻くらい許して」

「自分は他の人よりできているから提出物を出さなくても許されるでしょ?」

「目標が高すぎるから無理!」

などと、なんだかんだ言って結局行動しない人ばかりの組織では、目標達成の確率は限りなく低いですよね。

ただし、あなたが「うちの部のメンバーは当たり前の基準が低い」と思っていたら、自分自身に対して注意が必要ですよ。メンバーに対して見本を示したり、基準を示せていない可能性があるからです。

以前、ある小売店の幹部社員から、こんな相談がありました。

「あるスタッフが、お客さまが来店されても自分の売場づくりを優先するため、接客するのが遅れるのです。当たり前の基準が低いのですが、どうしたらいいでしょう？」

私はそれを聞いて、「判断基準が言語化できていないこと」に真の問題があると考え、こんなふうにお答えしました。

「そのスタッフは、売上を上げるために綺麗な売り場をつくるのがいちばん大事なことだと思っているのでしょう。しかし、○○さん（相談者）は、売上を上げるにはお客さまを接客するのがいちばん大事だと思っていらっしゃる。判断基準が言語化されていないので、お互いの優先順位が違うだけではないでしょうか？」

それ以降、チームで話し合って、「何を優先するのか？　どういう行動をすればよいのか？」を言語化して守るようにしたところ、成果が上がり、リーダーとしてのイライラもだいぶ軽減したそうです。

判断基準の言語化の大切さがわかっている会社では、「バリュー」「行動指針」「10カ条」

「クレド」などをつくっています。

それらを言語化したら、いくら忙しくても、小さな約束を守る。会社から言われた目標くらい達成して当たり前。上の立場だからこそ、当たり前のことを当たり前にする。自分から行動して見本を示す――。

リーダーが自ら進んでこれを行っていくから、メンバーの当たり前の基準が上がっていくのです。

3 心理開墾力

最後は、心理開墾力です。

私の造語ですが、これを定義すると、**「自己・他者を承認し、心理的安全性のある場をつくる能力」**になります。

「心理的安全性」とは、1999年にエイミー・エドモンドソン（組織行動学）が発表した概念です。組織の中で自分の意見や気持ちなどを、安心して――人間関係の悪化を恐れることなく表現できる状態を指します。

目標を達成するチームづくりでは、一人ひとりがそのメンバーであることにやりがいを感じ、お互いに敬意を払い・助け合うことが大事です。と同時に、ミスを恐れずチャレンジでき、目標達成に向けて「健全な衝突」をできることが重要です。それをできるようにするために心を耕すのです。

私の倍増コンサルティングでは、これを**「AAP＝安心・安全・ポジティブ」**（一般社団法人日本キャッシュフローコーチ協会・代表理事の和仁達也氏が提唱）と呼び、みんなの共通言語としています。

たとえば、社員同士が対立したときには、お互いに「AAPで行こう！」と声をかけ合うことで、乱れた場を一瞬で元の状態に整えています。

なお、詳しくは後述しますが、この心理開墾力は、メンバーだけではなく、お客さまに対しても有効です。チームに対して使うとチームの心理的安全性が高くなり、お客さまに使うと信頼関係とお客さま満足度が高まり、受注確率が上がるのです。

次ページの表は、チームマネジメントに関する二つの要素についてまとめたものです（『心理的安全性のつくり方』石井遼介著を基に中尾が作成）。

私たちがめざすといいのは、右上の「倍増チーム」です。そのためには、表の下にある9つのことが当たり前にできている必要があります。私はこの倍増チームをつくるノウハ

高い心理的安全性と高い当たり前の基準を両立させる

心理的安全性 ＼ 当たり前の基準	低い	高い
高い	**仲良しチーム** ぬるま湯 仕事の成果が出にくい	**倍増チーム** 考え行動し成長する 健全な衝突と高い生産性
低い	**半減チーム (烏合の衆)** 自己保身(人のせい) 何も動かない	**苦しいチーム** 恐怖で操られる 不正の温床

【倍増チームの特徴】

①何のために？　という目的を共有している

②成果 KPI、行動 KPI が設定されている

③お互い（上司からも部下からも）に報連相している

④強がらずに周りに助けを求めることができる

⑤健全な衝突ができる信頼関係がある

⑥小さな約束（期日、やると言ったこと）を守っている

⑦お互い感謝し合っている

⑧人や環境のせいにせず、自分を磨く

⑨目的・目標に向かって自ら考え、行動している

ウを持っているので、さまざまな業種のクライアントさんに対して、再現性のあるコンサルティングができるのです。

さて、ここからは人と組織の稼ぐ力を倍増させる口ぐせを紹介していきます。関連ページとして、理解を深めて実践力を上げるための「倍増セミナー」を設けましたので、ぜひ一緒にご覧ください。

あなたとあなたのチームの「稼ぐ力」を倍増させる口ぐせダイアリー

使い方

・口ぐせは基本的に順不同で並べています。日常の業務の中で、悩んでいること、困っていることに対応するものを探して読んでください。

・ただし、ダイアリーであることも意識しました。毎月の締め切りを終えた26日からスタートして、翌月の目標を設定し、行動して達成していくイメージです。そのため、序盤には「目標設定力」に関する口ぐせを、中盤以降には「当たり前力」と「心理開墾力」に関する口ぐせを主に配置してあります。

・途中に、理論的な裏付けとなる「倍増セミナー」を挟んでいます。ぜひチームミーティングなどで活用してみてください。

・大事なのは行動です。心に響く口ぐせが一つでもあれば、毎日声に出して使ってくださいね。

DAY
26

目標設定力

次の締め切りに向けてメンバーの執着心を高めるための口ぐせ

口ぐせ1

「目標にワクワクするか？」

メンバーが目標に対して本気で頑張れないのはなぜでしょうか。考えられる理由の一つは、「達成したい！」と思うような目標が設定できていないからです。メンバーには「達成したら何が手に入るのか？」を言語化して伝えてみてください。そこで大事なのは、一つの目標を「多面的」に意味付けすること。モチベーションになることは人によって違うので、さまざまな角度から表現すると、多くの人たちの共感を集めることができます。

たとえば、ある営業所の一人あたりの今月の売上目標が1000万円だとします。

もし、あなたがそこの社員で、これまでの売上が月平均で700万円ほどであったときに、「1000万円やれ！」と言われて本気になれるでしょうか。たいていの場合は、「そんなことを言われてもできないよ」と端《はな》からあきらめてしまうでしょう。

そうなってしまうのは、目標設定が下手だから。そもそも本気で達成したいと思える目標ではないのです。

では、どうすればいいのでしょうか？　大事なのは、単純に売上目標を下げることではなく、売上目標の1000万円に「意味」を持たせることです。

たとえば、メンバーにはこんな声かけをしていきます。

＊

◎「これができたら、めっちゃカッコ良くない？」
◎「1000万円売れたら社長からの評価が上がって、ボーナスも増えるんじゃない？」
◎「難しい目標が達成できたら、みんなと喜びを分かち合えるよ。一緒に1000万円を達成しよう！」
◎「みんなで1位を獲ろう。名門と言われる営業所をつくろう！」

＊

このように、【その目標を達成すると何が手に入るのか】を言語化して伝えていくのです。ただし、何が手に入ったら嬉しいかは一人ひとり違うので、自分の価値観だけを押し付けてもダメですよ。

・お金が手に入ることにモチベーションを感じる人
・仲間と一緒に何かをすることにモチベーションを感じる人
・他人から評価されることにモチベーションを感じる人
・目標に向かうこと自体にモチベーションを感じる人
・プライドを持って働きたい人
・仕事に対して、ゲームをクリアするような楽しさを求めている人

人間のモチベーションの源泉はさまざまですから、チームとしての目標に対して、多面的な意味付けを行っていくと、いろいろなタイプの人たちの共感を集めることができます。と同時に、一人ひとりのメンバーに合わせて、使い分けてください。

人は、心が動くと行動が変わります。「その目標を本気で達成したい！」と思えば、できる方法を考えるようになります。

それに対して、メンバーが動いてくれないからといって、「では目標を700万円にしよう」などと目標を下げるのはおススメしません。それを達成させたところで、すでにできることをやっているだけで成長はないからです。

上司の役割とは、何でしょうか？

会社からの指示をそのまま下に流すことでも、目標を下げて達成させることでもなく、高い目標に対して、自分自身で意味付けをしてそれを周りに伝え、巻き込んでいくことです。

「うちのメンバーは目標に対する執着心が足りない……」

「うちのメンバーは自分で考えて動かない！」

その気持ちはよくわかりますが、イライラしている自分に気づいたら、「一人ひとりに対してその目標の意味付けができているか？」と自問してみてくださいね。

DAY 27

当たり前力

ちょっとシンドイことを始めるときの口ぐせ

口ぐせ２

「〇〇大作戦！」

大きなことを成し遂げるには、ビジョンや目標が必要です。ただし、人間は理念だけでは頑張り続けることができません。大事なのは、そこに遊び心があることです。遊びとして楽しんでいるからこそ「当たり前力」が高いという側面もあります。目標づくりにしても、口に出すと笑みがこぼれてしまうような文言で遊んでみてもいいでしょう。

２０２４年の箱根駅伝（東京箱根間往復大学駅伝競走）は、劣勢の評判を覆して青山学院大学が優勝を飾りました。

同大学の原晋監督は、毎年「〇〇大作戦」と名付けた作戦（？）を発表していることでも有名で、２０２４年は「負けてたまるか大作戦」でした。

私は、**その作戦名にこそ、モチベーションマネジメントのポイントがある**と思います。

というのも、「大作戦」と付けることで何か策があるようにライバル校に思わせることができますし、何より遊び心があります。そこには、勝負に懸ける悲壮感ではなく、勝負を楽しむ余裕がありますよね。

原監督がこうしたマネジメントができるのは、彼がサラリーマンとしてトップセールスだった経験があるからだと思います。辛い仕事もそうやって自らモチベーションを高めて、目標をクリアしてきたのでしょう。

ちなみに、私自身がやってきた例で言えば、「頑張るタイム」という取り組みがあります。

営業にとって、新規の会社にテレアポするのは必要なこととはいえ、シンドイですよね。そこで、**みんなで集まって一斉に電話をする時間帯を決める**のです。その時間を「頑張るタイム」と名付けて、とにかくその時間だけは頑張ってみる。みんなで、ゲーム感覚で取り組むわけです。それを「電話大作戦！」と名付けてもいいですよね。

これは大きな目標に立ち向かうときに限らず、シンドイこと、面倒なことを実行していくときに使える方法ですよ。

あなたも、チームのモチベーションが下がってきていると思ったら、「○○大作戦」と名付けて、キャンペーン（コンペ）を企画してみてください。

ご参考までに、青学大原監督のスローガンをいくつか紹介しておきます。

・「マジンガーZ大作戦」
・「ワクワク大作戦」
・「ハッピー大作戦」
・「サンキュー大作戦」
・「やっぱり大作戦」

高い目標は「大作戦」で楽しもう

1億円大作戦！　リピート倍増大作戦！

新規開拓大作戦！　残業0大作戦！

これを見てもわかるように、言葉は何でもいいのでしょう。自分たちが面白がって付けたものなら、足が軽くなり、目標へ向かう行動に結び付くのですから。

あなたも、さっそく、目の前にある目標に「大作戦！」と名付けてみてください。対象のとらえ方が変わりますよ。

DAY 28

目標設定力

努力しているが成果が出ないときの口ぐせ

口ぐせ3

「センターピンは？」

まじめに努力しているつもりなのに結果が出ないのは、辛いですよね。もしかすると、その原因は、「最も大事な課題」の解決が後回しになっているせいかもしれません。少々厳しい言い方をすると、「的外れ」の努力をしているのに、そこに気づかずに悩んでいる人はとても多い印象です。

「いろいろ頑張っているのに売上が上がりません……。どうしたらよいのでしょう?」

あるクライアントさんから、こんなご相談を受けたことがあります。詳しい話を伺ってみると、その方は本当にいろいろなことに努力されていました。

ただ、私はその努力に感服する一方で、本当に大事な課題に対して力を集中できていないのではないか? とも感じたのです。

そこで、私はこう申し上げました。

「〇〇さんの場合、売上が上がる〝センターピン〟は集客ではなく、単価アップじゃないですか? ここを解決すれば、すべてが好転するのではないですか?」

センターピンとは、《それを解決すれば他のすべての課題も解決するような重点課題》のことです。

ボーリングをやったことのある人ならわかると思いますが、センターにある1番ピンの横の「ポケット」を上手くねらえば、パワーの小さい女性や子供でも簡単にストライクを出せますよね。前にあるピンを倒せば、後ろにあるピンは勝手に倒れてくれるからです。

ビジネスの世界も同じなのです。数打てば当たる方式で1本1本のピンをねらっていては、効率が悪すぎます。

解決したい課題がある場合は、まずそのためのセンターピンを特定することから始めることが大事です。

では、そのセンターピンはどうやって見つければいいのでしょうか？

たとえば、**「ロジックツリー」で考える**のも一つの方法です。

ロジックツリーとは、木が「幹」から「枝」へと細かく広がっていくイメージで、解決したい課題を「重要な問題」から「些末《さまつ》な問題」へと分けていく手法です（左の図を参照）。

「部署の売上が上がらない」という悩みを考えてみましょう。一般的には、次のような原因が考えられます。

①単価が上がらない
②顧客数が増えない
③商品・サービスに魅力がない
④人員が足りない
⑤広告・宣伝が少ない

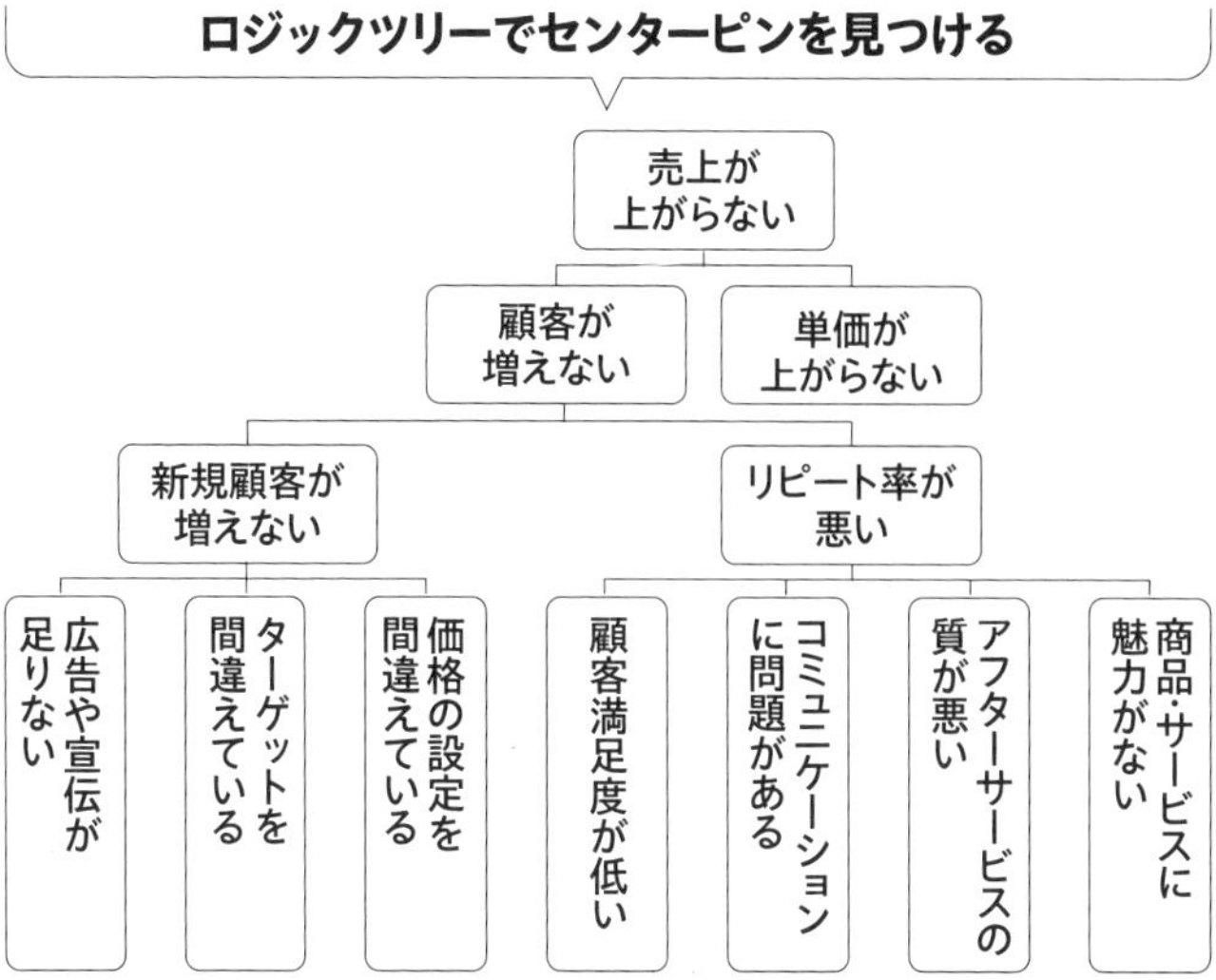

とはいえ、これらに漫然と、あるいは手当たり次第に対応していても効果は出ません。

上の図では、「顧客が増えない」という課題についてクローズアップしていますが、同じように他の課題についても**ツリーの形に整理して洗い出し、優先順位をハッキリさせていきましょう。**

このケースでは、「顧客が増えない」＝集客に対しての行動はたくさんとられていたのですが、低単価のままで売っていたことが「真の課題」だったというのが、図を書くことでわかりました。

また、次ページの「倍増セミナー①」にある「売上倍増方程式『新S・N・S理論』も参考になると思います。

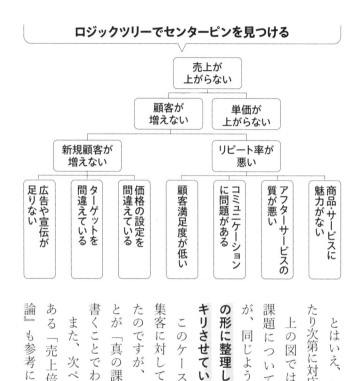

倍増セミナー①

売上倍増方程式「新S・N・S理論」とは

ここでは「売上倍増のセンターピン」を探し、それを倒すための方程式をご紹介します。

私が提唱している「売上倍増方程式『新S・N・S理論』」です。

一般的に、売上は「客数と客単価と購入頻度」で構成されますが、売上倍増方程式では、もっと細かい要素に分けて数字を見ていきます。

54ページの図をご覧ください。

売上は、「リピート客売上＋新規客売上」の合計です。

まず、全体を見ていくと、「知り合う（S）」→「仲良くなる（N）」→「商談（S）」→「成約（S）」→「再購入・紹介（S）」という流れになります。ちなみに、「S・N・S理論」とはこの頭文字のことです。

ここに集計した数字を入れていきます。

たとえば、２０００人と知り合い、その中から仲良くなれた人が２００人いたとすると、移行率は10％ですよね。

次に、商談まで進めた人が２００人のうち50人ならば移行率は25％です。

さらに10人が成約となれば成約率は20％。

そこから２人に再購入（紹介）をいただけたら、リピート率は20％ということになります。

「知り合う」が２０００人と書いてありますが、直接話す必要はありません、チラシを送ったり、ネットの広告を見てもらうなどの、自社を知った人や会社の数で考えるとよいです。

大事なのは、ここからです。**顧客単価が10万円で、最終的に１００万円を売りたいとき、どの部分の数字を増やすのか（成果ＫＰＩ）、また、そのためにどんな行動をするのか（行動ＫＰＩ）を、図の中から考えていきます。**

・**知り合う人数を増やすのか？**
・**仲良くなるための仕掛けを工夫するのか？**

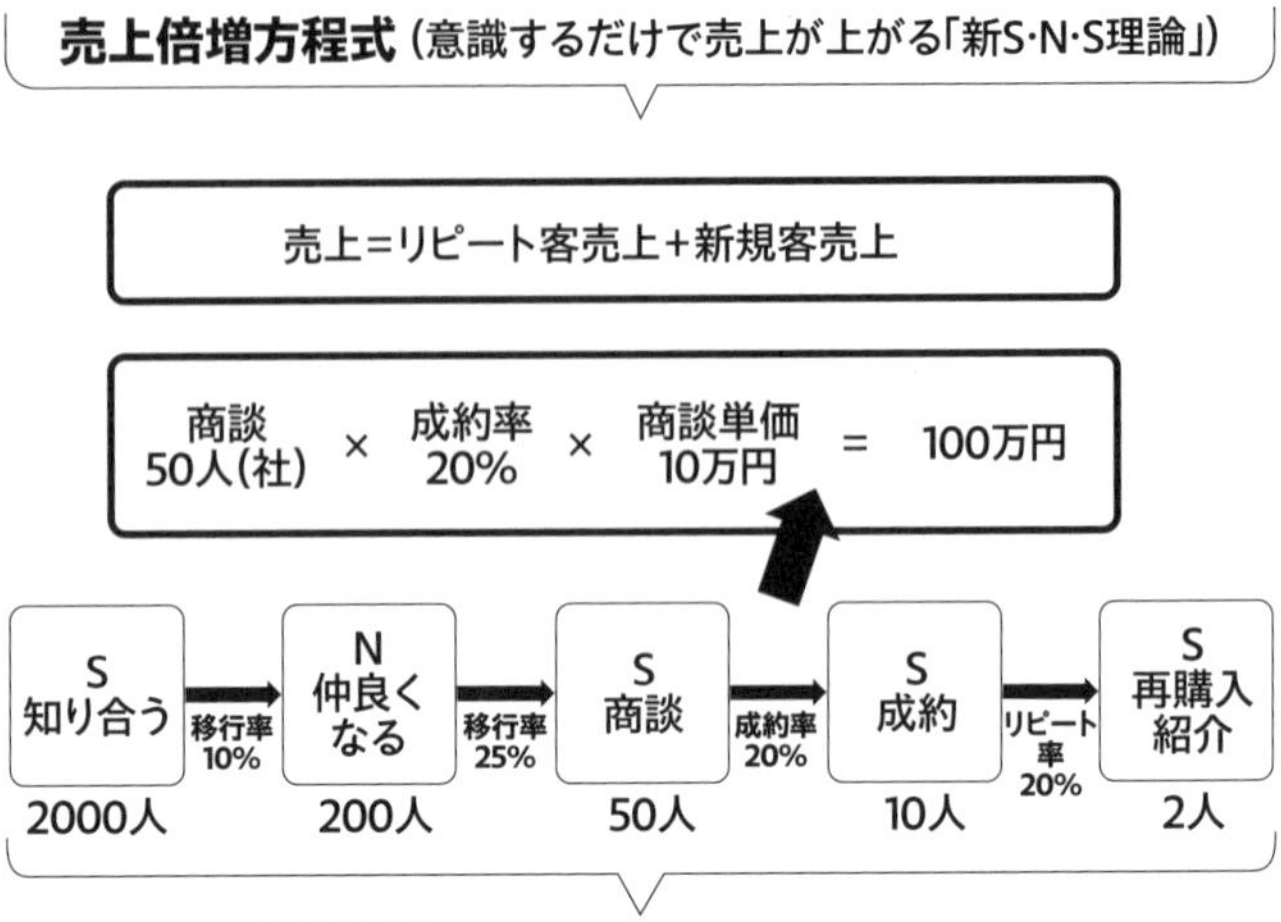

Point どの数字を増やすのか？

・商談に移行するための仕掛けを工夫するのか？
・クロージングのスキルを高めるのか？
・リピートしてもらう仕掛けを工夫するのか？

たとえば、美容院のケースを考えてみましょう。

美容院の場合は、チラシ配りや情報誌、アプリ、SNSなどでの新規集客に目が向きがちですが、リピート率を高めることで集客の苦労が激減します。

だから、「リピート人数」を成果KPIに、「自社のファンになっていただくためや、次回予約につなげる声かけ」などを行動ＫＰＩにすると売上が上がりやすくなります。

反対に、不動産会社の場合は、何回もする買い物ではないので、「一見《いちげん》さん」がどれだけ来るかが重要です。

その一見さんが何をきっかけにして不動産会社を選ぶかというと、たとえばGoogleマップの口コミや点数であることが多いので、これを増やすためにどういう行動をとるかを考えていきます。

また、営業会社のルートセールスの場合も、新規客開拓が大事ですから、それを何件獲得し（成果ＫＰＩ）、そのために何件の商談をするか（行動ＫＰＩ）に力を集中します。

このように、センターピンは業種や商品、個々の会社の事情によって変わるので、二つのＫＰＩ設定がとても重要になるわけです。

DAY 29

目標設定力

頑張っている人が、
売上を大きく上げたいときの口ぐせ

口ぐせ4

「あなたは何屋さん？」

あなたは何屋さんですか？　この質問に即答できない人は、ちょっと「問題アリ」かもしれませんよ。というのも、自分でも答えられないのなら、他人はあなたのやっていることがわからなくて当然だからです。一方、「ホームページ制作屋です」とか「ラーメン屋です」などと具体的に答えた人は、仕事のとらえ方を変えてみませんか？　それだけで売上が大きく上がる可能性がありますよ。

前述したように、私は会社員時代、主にドラッグストアやスーパーマーケットのような量販店に対してお茶の葉っぱを売る仕事をしていました。

当初は、対外的に「僕はお茶屋さんです」と名乗っていました。

しかし、営業経験を積み、新規を取ることや顧客内シェアを増やすことが他人よりも上手くできるようになったときに、改めて自分の仕事を振り返ってみると、私は「お茶屋さん」ではなかったことに気づきました。

私が買ってもらっていたのは、お茶の葉っぱではなくて、「お客さまのお茶売場の売上アップの提案力」だったのです。

たとえば、セールストークもこう変わっていきました。

新人時代　「このお茶美味しいんですよ、飲んでみてください」
数年後　「このお茶っ葉をこう陳列したら売れますよ」

そして、自分の仕事を「お茶売場の売上上げ屋さん」と定義し直してからは、「お茶が売場でもっと売れるようになるにはどうすればいいか?」と考えて、スーパーマーケットのバイヤー向けの本やマーケティング・経営の本で勉強し、そこから得たヒントをお客さまに提案していきました。

こうなると、お客さまの立場で考えたときに、どちらの営業に対して「よりお金を払いたくなるか」、あるいは、「仕事を頼みたくなるか」は一目瞭然でしょう。

私の場合は、その後、実際にコンサルタントとして独立できたわけですから、お客さまや会社のためだけではなく、自分のためにもなりました。日々努力し、成果を出し、成長していく上で、「自己認識」や「セルフブランディング」をしていくことがいかに重要であるかがよくわかると思います。

もちろん、これは営業だけに当てはまる話ではありません。マネジメント職であっても、製造部であっても一緒です。

たとえば、セールスマネジャーAさんがいるとしましょう。

もし、Aさんが自分の仕事を「売上を上げること」だと定義していた場合、「売上さえ上げておけば後は何をしてもよい。極端な話、他人を蹴落としてでも構わない」という思考回路になっても不思議ではありません（そういうマネジャーも現実にいます）。

ところが、仕事の定義を**「会社の利益を増やすことにつながる行為のすべて」**としたらどうでしょう？

そう考えるようになれば、安売りして売上を増やすよりも、高く買ってもらえる方法を考えるでしょう。自分だけがやるより、メンバーができたほうがより多くの利益が出ると考えてメンバー指導を始めたり、個人の利益を優先せず、チームの利益、全体の利益を考えて行動するようになるでしょう。

製造部でもそうです。次の二つの言葉を比べてみてください。

×「言われたものをつくる部署です」

○「うちの製品を買って良かったとお客さまに感動していただける製品を、最高の仲間と協力して形にする部署です」

モチベーションが高く、質の高い仕事をする人たちがどちらかは明らかですよね。

ぜひ、皆さんも自分の仕事を定義し直してみてください。それだけで行動が変わり、結果が変わりますよ。

DAY 30

当たり前力

努力しているが成果が出ないときの口ぐせ

口ぐせ５

「数字で考えてる？」

ある会社のトップセールスは、会社が出してくれるデータに頼らず、毎日、自分の売上を手帳に記録しているそうです。客観的なデータをタイムリーに見ることで、理想と現実のギャップを直視し、迅速に行動を変えるための判断材料にしているのです。

これは、私がコンサルティングをしている会社の「倍増会議」での1コマです。営業のAさん（普通セールス）とBさん（トップセールス）の二人が発言しています。

中尾　「どんな環境が整えば、もっと営業効率が上がるでしょうか？」
営業A　「今、半月に1回、売上の集計が出ているので、それを週1くらいで出してもらえたらもっと効率が上がると思います」
中尾　「というと？」
営業A　「月半ばで現状数字がわかって動き出すのと、もっと早い段階で数字を把握して動くのとでは、動きが変わってくると思うので……」
中尾　「たしかにそうですね」
営業B　「会社に頼らなくても、自分で毎日売上を集計したらいいじゃないですか。私は毎日の売上を自分で集計して見ていますよ」
——この発言で、その場にいた社員が軽くどよめきます。
中尾　「他の営業の人で、毎日自分の売上を集計している人は誰かいますか？」
一同　「……」

中尾「小さなことですが、トップセールスがしている行動には意味があります。売上が伸び悩んでいる営業の人は見習ってみるといいですね」

ここで紹介したトップセールスのBさんがやっているのは、理想と現状とのギャップを毎日数字で確認することです。彼は、それによって行動を変えていく際の判断材料にしていました。

成果数字の良い人は顧客の心をつかむのが上手いものですが、その前に、彼らは常に数字（目標）を意識して仕事をしているのです。

現状とギャップを月に1回確かめる人と、毎日確かめて行動を改善し続けている人——。どちらが早く理想に辿り着けそうかは言うまでもないでしょう。

かくいう私も、経営者として次のことを週単位でチェックしています。

①先週の売上結果
②今週の売上予想

③スケジュールと見比べてどう動くか

こうすると、「忙しくしているわりに売上が少ないな」とか、「この週は思っていたより売上が上がっているな」といった現実が見えてくるのです。

繰り返し記しているように、頑張っているのに成果が出ていないときには、「お客さまと会っている時間が少ない」など、自分の行動に何か問題がある可能性があります。

売上が少ないときには「仕込みの行動をやっているから」という理由も考えられますが、忙しいとヘンな充実感があるので、大事なことが疎《おろそ》かになっている可能性があります。自分では気づきにくいことなので、客観的に事実が見える数字で定期的に振り返る習慣を持ってくださいね。

＊会社やチームの数字を把握する大切さは、倍増セミナー②「『お金のブロックパズル』で会社のお金の流れと、部署の役割を理解する」で解説しています。

DAY 1

目標設定力

メンバーへの指導方法に悩んだときの口ぐせ

口ぐせ6

「成果につながる行動は？」

私はソフトテニスが趣味なのですが、テニスの優秀なコーチを見ていると、選手への声かけが上手です。たとえば、選手がミスをしたときに、普通のコーチは「もっとボールを見て！」などと言いますが、良いコーチは「ボールはどんな回転をしている？」と聞きます。この両者はどこに違いがあると思いますか？　良いコーチは、「その選手の抱える現状の課題と次にすること」を明らかにしているのです。

メンバーの指導は、なかなか難しいものですよね。

私の元にも、「指導の仕方がわからない」というお悩み相談が寄せられます。

もし私が自分のメンバーに対してアドバイスするなら、**「成果につながる要素を分解して、成果につながる行動を意識させる」**と思います。これについては、テニスのコーチの話がとても参考になるのでテニスを例にご説明します。

冒頭で紹介したように、選手がボールを打ち損じたときのアドバイスでは、「相手のコートに確実にボールを返すこと」が第一の目標になります。

しかし、そのための行動を指示するときに、「もっとボールを見て！」だけでは、ちょっと不親切なのです。**これでは「ボールを見る」ことが目的になってしまい、その後の行動と連動しない場合があるからです。**

プレーを具体的に分解してみましょう。

①ボールを見る
②ボールがどうバウンドするか予測する
③予測したバウンドに対してどう打てばよいか考える
④予測に合わせてラケットを振る

――と、こんな感じになります。

そこで良いテニスコーチは、一連のプレーを分解した上で、②以降の一連の行動を意識させています。選手も、その時々に行うこととのイメージができるので成果につながりやすいのです。

この話は、ビジネスにおけるメンバーの指導でもまったく同じことが言えます。

たとえば、営業で成果が出ていないメンバーから、「目標は3件なのに今月はまだ1件しか成約できていないんです……」と相談されたとしましょう。

あなたがメンバーの立場なら、どちらの指示がありがたいと思うでしょうか。

A「とにかくお客さんのところへ行け！　訪問件数が足りないから気合いで行け！」

B「今のところ30件訪問して、そのうち10件が話を聞いてくれて、1社が成約か……。他の営業は同じ数のアポが取れていて、大体30％くらい成約しているから、課題は商談の仕方かもしれないな。よし、一緒に話法を見直してみようか」

もちろんBのほうが、気づきも希望も勝算も生まれますよね。「そこを直せばいいのか……」「とにかくこれだけやってみよう」「それならできそうだ」――と。

一方、Aなら絶望して会社を辞めたくなるかもしれませんね。困っている相手と上手く話ができない人は、自分のどこが悪いのか、何ができていないのかを驚くほどわかっていないのです。

だから、あなたもメンバーや後輩を指導するときには、次のことを常に意識してみましょう。

「自分は相手の抱える課題について、成果につながる要素を分解できているか？」
「成果につながる行動を意識する声かけができているだろうか？」

これを自分に向けて問いかけて、心の中の口ぐせにしていきましょう。

DAY 2

当たり前力

指示待ちタイプのメンバーを変えたいときの口ぐせ

口ぐせ7

「君は どうしたいの？」

指示待ちタイプのメンバーの行動は、上司の接し方で変えることができます。報告や相談をされたときに、最初から「正解」を教える（指示する）のではなく、まずメンバーの考えを聞きましょう。一方的に、正しいやり方や価値観を押し付けるだけでは、メンバーはなかなか成長できませんし、モチベーションも上がりません。

メンバーの中には、言われたことしかやらない人がいますよね。報告だけして指示を待つ――いわゆる「指示待ち社員」です。

その一方で、何かあったときには自分から意見や提案をした上で、その是非について上司の判断を仰ぐ人もいます。こうしたやり取りのほうが無駄や間違いが減りますし、メンバーも成長します。

会社としては、当然ながら後者のタイプが増えてほしいわけですが、「なかなか難しい」とお悩みの方もいらっしゃるでしょう。

そこで今回は、メンバーからの相談に乗る場面を例に、自立型のメンバーを育てるための口ぐせをご紹介します。

まずは、良くない例からです。

営業A「課長！　困ったことが起きました！　相談よろしいですか？」

課長「何だ？」

営業A「X社に対して、ライバル社がものすごく安い見積もりを出してきているそうです。X社のバイヤーから連絡がありました」

課長「で？」
営業A「どうしましょう？」
課長「『どうしましょう？』じゃないよ。○○するしかないだろう？　すぐに○○なさい」
営業A「はい、わかりました！」

このように**メンバーから報告・相談を受けたときに、上司が「正解」を与えているだけでは、メンバーが指示待ち人間になってしまいます。**

もし、あなたが日頃、メンバーたちの姿勢に対して不満を持っている場合、もしかすると、その原因をあなた自身がつくっているのかもしれません。

次は、良い例です。

営業A「どうしましょう？」
課長「『どうしましょう？』もそうだけど、君はどうしたいの？」
営業A「えっ？　そう言われましても……」
課長「それを考えてから相談してくれないと、君のレベルが上がらないよ。君はどうしたいの？」
営業A　「私はこうしたいと思います。理由は、〇〇だと考えるからです」
課長　「わかった。それでいこう。ただし、××だけは忘れないようにね」

メンバー自身が「こうしたい」という考えを持っていないときには、こちら側が「正解」を示す前に、こんなふうにメンバーの考えを聞いてあげてみてください。

まず考えを聞いた上で、メンバーが間違っているところや、考えが足りないところを具体的に補ってみてください。

「君はどうしたいの？」――あなたがこの口ぐせを使えば使うほど、メンバーの視座が高くなり、考える力がつきます。指示待ちタイプから自立型の人材に変わり、成長するスピードが速くなるのです。

＊メンバーの積極性を引き出すには、DAY10「いいね！　やってみよう」も参考にしてください。

DAY 3

心理開墾力

メンバーとの信頼関係を深めるための口ぐせ

口ぐせ8

「ありがとう。」

ほめて伸ばすという言葉がありますが、メンバーに対しては、ほめるより感謝を意識してみてください。なぜなら、ほめることは、メンバーが良いことをしたときでなければできないからです。メンバーの行動次第になってしまうのです。その一方で、感謝することならいつでもできますよね。自分で「感謝する」「毎日のように感謝を伝える」と決めるだけです。自分から感謝を伝えると相手の反応が変わってきます。

チームメンバーへの感謝については、自分の中で「ルール」を決めておくのがコツです。

感謝するときの方針（基準）を決めておけば、いちいち判断を迷ったり、行動がブレたりすることがないからです。

ただし、ここでいうルールとは、「相手がこれをしてくれたら感謝する」というものではありません。それでは、「ほめる」と同じ問題が出てきてしまいます。

そうではなく、たとえば、**「相手の行動にかかわらず、週に〇回はその人に感謝を伝える」とか、「会話をしたときには必ず『ありがとう』を言う」と決めておく**のです。

メンバー　「C社の〇〇さんという方から問い合わせがありましたので、自分が対応しておきました」

マネジャー　「いつもありがとうね」

たったこれだけのことでも、言われたメンバーは嬉しいものです。

「やって当たり前」「なぜやらない？」と言われたときと比べると、それは明らかですよね。**自分では当たり前と思っていることでも感謝してもらえれば、会社やお客さまのために、自発的に行動していくようになる**でしょう。

それは私自身が身をもって体験しています。

会社員時代にAさんとBさんという二人の対照的な上司に仕えたことがありました。

Aさんは、会社で朝いちばんに顔を合わせると、「いつもありがとう！」と言ってくれました。彼が上司のときは、部署の成績は良好でした。

一方、Bさんは顔を合わせるなり、「○○社の案件進んでないけど、どうなってる？」と責め気味に聞いてきました。彼が上司のときは部署の数字が悪くなりました。

それはそうでしょう。Aさんに対しては、「自分も頑張って成果を出さないと！」と思いましたし、Bさんに対しては、「こっちだって忙しかったんだ」と、言い訳の一つでも言いたくなりました。

二人とも悪気はないのです。ただ、そのちょっとした違いだけで、チームの空気が変わってしまうのです。

感謝とは、「挨拶」のようなものであり、「存在承認」の一つなのです。

それができれば、組織の文化も、お互いに感謝と敬意を払うのが当たり前のものに変わっていきます。

メンバーの報告に即レスするのも「感謝」の一つ

感謝と敬意という意味では、私はメンバーからの報告への即レスも大切だと思います。

「すぐ返事をする」という行為が、相手を認め、心理的安全性をつくることにもつながるからです。

まず上司がそうしていれば、メンバーに強制しなくても、お互い自然とそうするようになるでしょう。

とはいえ、これは、私自身が最近反省したことでもあるのです。

恥ずかしながら申し上げれば、こんな話です。

ある組織で、私は皆さんの意見を取りまとめる立場にいました。皆さんからLINEで報告を受けているにもかかわらず、

「これは単なる報告が上がってきているだけだから、いちいち返事はしなくてもいいだろう……」

と勝手に解釈していました。

ところが、他の場所で、「中尾さんは連絡をしても返事をくれない」という話になっていると耳にしたのです。

「報告を上げている人が嘆いていたよ」と。

それを知ったときに、私はショックを受け、大反省をしました。心理開墾力を高めるためのコンサルティングをしている私自身が、それをできていなかったのですから。

報告をした人にとっては、ある意味で私から無視されたことになりますので、大変失礼なことでした。

また、人間の心理として、報告をしたことへの確認のレスを受け取ったときに初めて、気持ちを切り替えて次の作業に移れる側面もあります。皆さんをずっとモヤモヤさせていたことを思うと申し訳ない気持ちです。単なる一方的な事務報告であっても、「いつもありがとうね」と返せばよかったと思いました。

あなたも、感謝とともに、**「あなたの仕事はいつも見ています。確認していますよ」**ということを返信し、また折に触れて直接伝えていってくださいね。

＊参考：横山信弘著『若者に辞められると困るので、強く言えません――マネジャーの心の負担を減らす11のルール』（東洋経済新報社、２０２４年）

DAY 4

目標設定力

設定した目標にワクワクできていないときの口ぐせ

口ぐせ9

「自分も相手も嬉しいか」

目標を立てるときに自分を置き去りにしてはいませんか。仕事をしていると「お客さまのことを第一に！」と考えてしまいがちです。ですが、まず自分のワクワクを第一に考えましょう。もし、設定した目標にその視点が抜けていたなら、もっと自分を満たすような目標に修正してみてください。自分も相手もみんなも嬉しくなる――そんな〝三方よし〟な目標を設定できたら、あとはその達成に向けて進んでいくだけです。

設定した売上目標に対して、なかなか上手くいかないとき、目標を見直してみましょう。

ただし、「会社から与えられた目標が高いから目標を変えましょう」、ということではありません。**会社の目標よりもさらに高い「自分目標」**を考えて、達成したときの喜びを想像して、自分自身で目標に意味付けをして周りを巻き込んでいきましょう。

次の6つの質問で考えてみてください。

①「いくら売りたいですか？」

これは人によってバラバラですから、好きに考えてください。100万円でも、1000万円でも、1億円でも、自分が売りたい金額を決めてください。

②「その目標を達成したとき、どんな状態になっていますか？」

次は、その目標を達成したときの状態を考えます。たとえば、こんなことです。
(Q) そのとき何時間稼働しているか？　どんな売上構成比か？
(A) 月500万円の売上で、単価10万円の顧客50社と契約している。稼働時間は1日3社訪問で17日＋準備や営業で6日、残り7日が休み。

こんな感じで、できるだけ細かく考えてみてください。

③「その状態になったら嬉しいですか？」

続いては、②の状態になったら本当に嬉しいかどうかを考えます。

たとえば、月500万円の売上にはなったけれど、1社5万円くらいの単価で、30日休みなしで働き続けるのは嬉しいでしょうか。

「嬉しい！」と答える人は少ないと思います。もしそうなら、②の答えを考え直す必要があります。

一方で、「働く時間は半分で売上を倍増させる方法がありますけど、やります？」となったら、全員が「やる！」となるはずです。

④「その目標を達成したら自分のステージが変わりますか？」

どうせ目標を立てるなら、人生が良い方向に変わるような目標にしたいものです。

そのためには、「その目標を達成したら自分のステージが変わるか？」と考えてみてください。

たとえば、次のようなことです。
・社内コンペの一つの部門でいいから1位になる！　↓自分に自信がつく。社内で評価が上がる。発言力が出る。
・資格を取得する！　↓今までできなかった仕事ができる。給料が増えて豊かな暮らしができる。
・ダイエットでマイナス10キロを達成する！　↓自分に自信をつけて素敵なあの人にプロポーズする。
どうせ目標を立てるなら、達成したら人生のステージが変わるような、ワクワクする目標を立てましょう。

⑤「その目標は、本当に望んでいることですか？『それは無理だから……』と妥協したものではありませんか？

くどいようですが、②の状態を本当に嬉しいと思えるように考え直してください。

たとえば、売上とは「単価×数量」で決まりますが、労働集約型のビジネスで忙しくなるイメージしか持てないのであれば、扱う商材を考え直してもいいかもしれません。今の労働時間を変えたくないなら、単価を3倍にする方法もあります。

ここで大事なのは、**現状の延長線上で考えないことです。**

「単価3倍なんて無理！」

「たくさん売ったら、たくさん稼働しないといけないから嫌だなぁ」

「(工場は)今のままだと注文が増えたら受け切れないです。注文を断ってください」

こんなふうに思った時点で、目標達成するために行動しなくなるからです。本当に達成したら嬉しいと思う目標を考えてみてください。

本当に達成したいと思ったら、単価を3倍にしても買ってくれる人に会いに行く、あるいは、自分が動かなくてもお客さまに喜んでもらえるような商材を仕入れに行くものなのです。

⑥「その商材でどうやったらお客さまに喜んでもらえると思いますか？」

最後に忘れてならないのは、単価を上げたり、新しい商材を扱ったりすることで、お客

目標達成3ステップ

1 自分が達成したら嬉しい状況を考える。

↓

2 上記の状況でお客さまも喜ぶ方法を考える。

↓

3 実行する

さまに喜んでいただくことです。喜んでいただけなければ、買ってもらえず、目標達成もできません。

ここまでをよりシンプルに整理すると、上の図のようになります。

自分が嬉しい状況、たとえば、会社の目標が100万円のとき、お客さまから「ありがとう！」と言われながら150万円を楽々売れている自分。そういう「自分目標」を設定すると、とてもワクワクしてきますよね。

6つの質問、活用してみてくださいね。

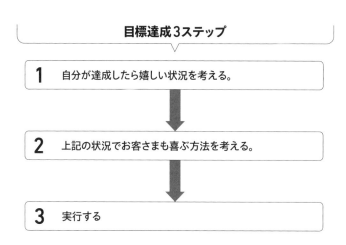

DAY 5

当たり前力

高すぎると感じる
目標を与えられたときの口ぐせ

口ぐせ 10

「〝できる〟としたら？」

物事は自分のとらえ方次第です。「絶対に無理！」と思っている間はできませんし、逆に、「できる！」と思ったら意外とできてしまうものです。人が「よし、やってみよう！」と行動を起こすのは、「こうすればできそうだな」というプロセスや、自分が成功している姿をイメージできるときなのです。難しい課題にぶつかったとき、マネジャーの方は、「できる！」というイメージをチーム全体に与えることを意識してください。

「会社が高い売上目標をやれと言ってくるんです。どうすればいいでしょうか?」

私は、こんなご相談を受けることがよくあります。会社員なら同じような悩みを持っていらっしゃる方も多いでしょうね。

もし、そう思ったときには、次のやり取りを参考にしてみてください。これは何人かの課長さんから寄せられた相談をまとめたものです。

課長「いったい、どうすればいいのでしょうね……」

中尾「○○課長は、どうお考えですか?」

課長「3年で売上1・5倍をめざせと言われているんですよ! 今でも売上を維持するのにやっとなのに……できるわけがない!」

課長「○○さんに『できるわけがない!』と断言されてしまったら、メンバーの方たちもできるとは思わないでしょうね。人間は、自分ができないと思ったらできないですから……」

課長「しかし、現実的に無理なものは無理ですよ」

中尾「では、実現可能かどうかは別として、仮に3年で売上が2倍になっていると考えてみてください♪　そのときには、どこに、何を、いくらくらい売っていますか？』

課長「うーん……。そんなことは考えたこともなかったので……」

中尾「では、今ちょっと考えてみましょうよ♪」

課長「……。ああ……、何となく見えてきました。○○と◇◇いう二つの商品を、△△や□□のような会社に××円売ることができれば、売上2倍は可能かもしれません」

中尾「ということは、理屈の上では、できるんですね！」

課長「あくまで、理屈の上では……ですけどね」

中尾「でも、達成する方法はイメージできるんですよね？　そこをイメージできただけでも、世界の見え方はまったく違いませんか？　人間の思考の限界は行動の限界です。大谷翔平選手のような投打二刀流も、『できる！』とイメージできればできるし、イメージできなければ永遠にできないんですよ。○○課長のところだって、2倍売れているところをイメージできるのなら、1・5倍くらいならばイケる気がしませんか♪」

課長「そうですね。1・5倍くらいなら……。2倍売るためには？　と考えていたら、いろいろアイデアが浮かんできましたよ！　まだ3年間も猶予がありますし、打ち手は無限にありそうです！」

ここで話しているのは、あくまでも課長の頭の中の話ですが、**チームにとって大事なのは、その「できるイメージ」がメンバー全員に共有されていること**です。

上司やメンバーの立場で考えてみてください。次のAとBでは、評価やモチベーションが上がるのはどちらでしょうか？　どちらが、次につながるでしょうか。

A「できません、できません」と言いながら現状のやり方でひたすら頑張って、今年は5％アップの目標をなんとか達成する

B「2倍やろうぜ！」と目標を掲げ、できるイメージをみんなで共有する。その上で、根本的に作戦を見直して実行し、1年目の結果は10％アップで終わる

繰り返しますが、**大事なことは、まずはリーダーが達成しているイメージを持つこと。メンバー全員がそれを共有すること**です。

マインドが変わったとき、目標の半分はすでに達成されたようなものなのです。

DAY 6

目標設定力

短時間に効果的なアドバイスをするための口ぐせ

口ぐせ 11

「要は？」

目が回るほど忙しいマネジャーにとって、メンバーに対して短時間で効果的なアドバイスをするためのコツは、ぜひ身に付けたいスキルですよね。そのポイントは、「具体的に相談してもらうこと」です。メンバーの質問が具体的であればあるほど、ピンポイントで精度の高い回答ができるからです。なお、会話が具体的になるかどうかは、相手ではなく、マネジャーの尋ね方で決まります。

ZOOMセミナーを開いたときのことです。その中で個別相談を受けた際に、ちょっと困ったことがありました。相談希望者と「ブレイクアウトルーム」（少人数のグループで会話できる機能）の中で話そうとしたところ、相手の方のパソコンにはマイクとカメラが付いていなかったのです。

お互いに顔も声も出せないので、仕方なくチャットでやり取りをすることになりましたが、その効率の悪さは、あなたもイメージできると思います。

相談者が、自分の抱えている問題を簡潔に文章にするのは大変ですし、キーボードを打つのにも時間がかかります。時間も限られているのでどうなることかと心配しましたが、15分ほど続けてみて、何とかそれなりのアドバイスができたと思っています。

もちろん、普通にやり取りしているだけでは、そんなことは無理でしょう。私は、短時間で効果的なアドバイスをするためのコツを知っていたから可能だったのです。

そのコツとは、**《質問をできるだけ具体的にしてもらうこと》**。

漠然とした質問には漠然とした答えしか返せませんが、具体的であればあるほど、より的確な答えが出せます。極端に言えば、「はい・いいえ」「○・×」だけでも事足りるのです。

それに対して、「営業成績を上げるためにはどうすればいいでしょうか？」というような質問だと、とても15分では終わりません。

しかし、次のようなケースではどうでしょう？

相談者「自分は××という商品を扱っています。現在の売上〇〇円を△△円にするために、今こういうことを考えていますが、中尾さんのご意見を伺いたいです」

中尾「なかなか、いいですね。それに加えて□□をしてみてください。私が配布してさし上げた『売上倍増方程式』が参考になると思います」

「こんなに具体的な質問はなかなか出ないのでは？」と思われたかもしれませんが、そこにも重要なコツがあるのです。

漠然とした質問を具体的にするためには、メンバーにこう質問してみてください。

要は？（〇〇を△△にするには？という形に質問を要約してみてください）

こうすると、相手のほうで、問題点や頭の中を整理して話してくれるようになります。先の相談例では、相談者の方の相談内容がまとまってなかったので、私のほうから、「今回のご相談の要点をお伝えください。〇〇を△△にするには？　という形にしてもらうとまとまりやすいです」とお伝えしたので、先のような相談になったのです。

また、相手の相談に対して、「要は〇〇ということですか？」と確認することで相手の思考整理のサポートと共通認識を持つことができます。

相談者は相談の仕方の訓練をしているわけではないので、相談内容が漠然としていることがよくあります。そういう場合は、相談を受ける側がアドバイスをするのではなく、相談者の思考の整理をするだけで喜ばれることが多々あります。

相手の相談をまとめるだけでなく、自分の考えを相手に伝えるときもこの口ぐせは有効です。

これは相談だけではなく、あらゆる場面で使えて、かつ、メンバーを育てることにもつながる「魔法の口ぐせ」ですよ。

＊参考：和仁達也著『プロの思考整理術』（かんき出版、２０２１年）

DAY
7

目標設定力

自分に自信のないメンバーが一歩動き出す口ぐせ

口ぐせ 12

「とりあえず〇〇してみる？」

一歩が踏み出せないメンバーには、「あっ、そうやればできるんだ！」と思ってもらうことが重要です。そのためには、行動している姿を具体的にイメージさせ、「それなら自分でもできる」と感じさせる伝え方をしましょう。営業で言えば、受注までのプロセスを細かく分けて、一つずつ実行することを重視するのです。一気にすべてをやろうとせず、段階的に進めることで動きやすくなります。

営業になりたてのAさんという方から、こんな相談を受けました。

A「営業のやり方がわからないんです」

中尾「どんなところがわからないんですか？」

A「何しろ、すべてが初めてなので、どうしたらいいかわからなくて……」

中尾「お客さま候補のところには行ってみたんですか？」

A「実は、まだ1軒も行っていません……」

中尾「じゃあ、まず1軒行ってみましょうか」

A「でも、何を話したらいいか……」

中尾「とりあえず、名刺を持って、『新しく営業になりましたので』と話してきたらいいんじゃないですか？」

A「でも、何を話したらいいか……」

中尾「受注しようとするから苦しくなるんですよ、とりあえず、自分のやっていることを聞いてもらえたらそれでいいんです。10人くらいと話したら、一人くらい見積もり依頼をくれるんじゃないですか？　そんな気楽な感じでいいんですよ」

A　「……！　それなら、できそうに思えてきました♪」

中尾　「いいじゃないですか。では、10人に話すリストを出してみましょう。心当たりの人はいますか？」

A　「あ、あの人だったら話を聞いてくれそうです」

中尾　「じゃあ、今、この場でちょっと電話してみましょうか」

A　「わかりました！」

——電話後。

A　「会ってくれるようです♪」

中尾　「よかったじゃないですか、10人と会うって言われましたよね？　また進捗を教えてください」

さて、ここで私が話したのは、**Aさんが「やる気」になるアドバイスではなく、「その気」になるようなアドバイス**です。相手が自発的に動くようになるための、きっかけづくりです。

具体的には、受注までのプロセスを細かく分けた上で、「とりあえず○○だけやってくれればいい」と言うこと。相手が「あ、それならできそうだ」と、その行動と成功する場面をイメージできるところに導くことです。

一方、**上司がやりがちなミスは、とにかく「やる気」を出させようとすること**。結果を出すためのノウハウを教えて、早急に結果を出させようとします。

しかし、人は最初から結果を求めると苦しくなるものです。一気に全部やろうとすると、動けなくなってしまいます。

大事なのは、まず簡単にできることから着手すること。「一歩」動き出すことです。最初の易しいプロセスがクリアできたら、次のプロセスへ——。その次も、「あ、できそうだ♪」と思えると、本人が勝手に動き出します。

あとは、その都度報告を聞き、プロセスに沿って伴走してあげればいいのです。

「じゃあ、とりあえず○○をやってみたら?」

こんな口ぐせでメンバーをその気にさせてみましょう。そして、自分自身もその気になっていきましょう。もし、ご自分で課題の分解方法がわからないときは、できる社員と成功のプロセスを共有して伝えてくださいね。

DAY 8

当たり前力

メンバーへの指示の仕方を改善したいときの口ぐせ

口ぐせ 13

「『プラスα』、伝えてる？」

繰り返しますが、「メンバーが期待通りに動いてくれない」「言われたことしかやらない」「仕事が遅い」——などと思ったときには、メンバーが悪いのではなく、まずは自分の指示の仕方に問題があると考えてみてはいかがでしょう？ 実際、言葉が足りていない（不親切な）ケースはよくあります。「もっと親切な言葉はないか」、口に出す前に考える習慣を意識してください。

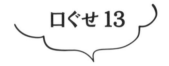

ある経営者組織の会合に参加したときのことです。

その会では、「みんなの心を合わせる」という目的で、朝礼で挨拶の練習をすることになっています。

一斉に挨拶をするのですが、初めて参加する人はコツがわからず、まごついてしまうこともあります。

そんな中、ある役員の方は、「前を見るのではなく、会長を横目で見ながらやると揃いやすいですよ」と、コツを一緒に伝えていました。

慣れていない人にとっては、そういう一言があるとわかりやすいし、助かりますよね。

それは朝礼における何ということのないやり取りでしたが、私は「なるほど！　仕事でも人に何かを伝えたいときは、そうすればいいんだな」と改めて気づかされました。

要するに、何かを指示するときの目的は、相手に正しく動いてもらうことですから、できるだけ親切で、かつ的確な伝え方をする必要があるのです。

一番大事なのは、**相手に何をして欲しいのかを明確にする**ことです。

手伝って欲しいのか、単に話を聞くだけでいいのか、仕事のやり方を改善して欲しいのか、相手のアポを取って欲しいのか……。相手がどう行動すればいいのかが明確になっていないことがあります。

まずは、相手にどうして欲しいのか？　これを明確にしてください。

その上で、指示のコツが三つあります。

①して欲しいこと＋コツ

「どうすれば上手くいきやすいか」

これを教わるだけで気持ちは楽になり、成功率も上がります。

②して欲しいこと＋目的

「なぜそれをするのか」

「どうなったら満足できるゴールなのか」

これを理解することで、その仕事に対する理解度も、位置付けも、仕事の質も大きく変わります。

目的に適うなら、その業務は工夫によって、もっと良いやり方に変えられるかもしれません。いずれにしても、メンバーの成長にはつながります。

③して欲しいこと＋期日

「いつまでに」

「どのレベル感でやればいいのか」

これも、指示を受ける側には大事な情報です。


このように、相手の立場になって、「して欲しいことプラスα」を伝えるようにしてください。意外とできていないものですよ。

DAY 9

当たり前力

メンバーへの指示の仕方を改善したいときの口ぐせ

口ぐせ 14

「伝えたつもりになっていないか？」

前項に関連して――。「何度言ってもメンバーの行動が変わらない」「メンバーが自分で考えて行動してくれない」と困っている場合には、ご自分の行動について次の三つをチェックしてください。①伝えた回数は十分ですか？　②相手の聞く姿勢（聞く耳）はできていましたか？　③メンバーは何をすればいいかわかっていますか？　１回伝えただけで「言ったつもり」になっていないですか？

以下は、ある会社の売上倍増会議後の出来事です。

社員「社長！　売上目標達成させるにはAカテゴリーの商品を売らないといけないんですが、いいんですか？」
社長「もちろんいいよ。何で？」
社員「前に、『Aカテゴリーは資金繰りが悪くなるから売るな』と通達を出していたじゃないですか！」
社長「それは、2年前までの話だ。今は状況が変わって、会社でも力を入れるようにしているじゃないか」
社員「現場にまったく伝わってきてないんですけど」
社長「幹部ミーティングでは10回くらいは言ってるよ」
社員「そう言われても、伝わってきてないものは伝わってきてないんです」
社長「おかしいなあ」
中尾「社長、実は私もAカテゴリーについては『売ったらダメだ』と受け取っていました。私が思っているのですから、〇〇さん（社員）の言われることももっともです。伝わってないんですよ」

社長「ええっ!? じゃあ、どうしたらいいの?」

中尾「会社として大きな方針転換なので、全員を集めて伝えることと、会社のLINEグループなどあれば、そこでも発信して記録に残すことも大事でしょうね。そのとき、幹部の方々には、『こういうふうに全体に言うよ』と先に伝えておくと万全かと思います」

このように、幹部に伝えたから末端まで伝わっているものだと思ったら大間違いです。逆に、「売るな」と言われた記憶のある人は、何年も前のことを引っ張り出してきて、売らないようにするものなのです。

今までと違う行動をとってもらう必要があるときは、何度も何度も、繰り返し、手を替え品を替えて伝えないといけません。

山本五十六(連合艦隊司令長官)の言葉ではありませんが、

「やってみせ、言って聞かせて、させてみせ、ほめてやらねば、人は動かじ。話し合い、耳を傾け、承認し、任せてやらねば、人は育たず。やっている、姿を感謝で見守って、信頼せねば、人は実らず」——。

それだけのことをして初めて、会社やチームを動かせるという認識を持つことが大事です。

チームを上手く動かせていないと感じている方は、次の三つに当てはまっていないか、チェックしてみてくださいね。

①伝える回数が少ない

まずは、何度も伝えているか、思い返してみてください。**よくあるのが、2、3回言って――酷い場合は1回言って「伝えた気」になっているケースです。**数回伝えたくらいで相手の行動が変われば苦労はしませんよね。

私自身も、家庭内のことで妻から「何回言ったらわかるの？」と叱られますから、社員さんの気持ちもわかるのです（笑）。

②聞く姿勢ができてないのにしゃべっている

たとえば、メンバーが何か良くない行動をしたときに、頭ごなしに叱るという行為をしてはいないでしょうか？　こういうケースでは、叱られたほうは、「ああ、まただ。ハイハイ……」という感じで話が終わるのを待っているだけです。これでは行動は変わりません。

③何をすればいいか具体的に伝わってない

行動を直さないといけないのはわかるけれど、具体的に何をすればいいのかが伝わってないケースもあります。

たとえば、「自分で考えて行動しろ！」と何度言われたところで、自分で考えて行動するということがどういうことかわかっていなければ、行動しようがありません。

例を挙げると、良い方針（指示）と悪い方針の違いは、こんな感じです。

×「今期は売上を闇雲に追うのではなく、粗利率を上げていこう」

◎売上は昨年と同じでいいから粗利率を3％上げるように行動してください。そのために、今期は値引き要請の厳しい顧客とは距離を取ります」

後者のような方針があれば、社員も、売上は見込めるけれど大幅値引きを強いられるようなことばかりすることはないはずです。

伝わったかどうかを確認する方法は、そのまま相手に確認することです。

「復唱してみて」

「私の伝えたかったことは何だと思う？」

「今の話を聞いて、あなたは具体的にどんな行動をするか説明してください」

確認してみると、

「すみません、もう一度言ってください」

「〇〇ということですよね？（間違って伝わっている）」

「××だと思ったので、△△の行動をします。（行動がズレている！）」

のようなことが多々あります。

相手に伝わったと思っていても、伝わってないことが多いのです。面倒かもしれませんが、その都度確認していくことで結果的には仕事がスムーズに回り始めます。

DAY 10

心理開墾力

メンバーの積極性を引き出すための口ぐせ

口ぐせ 15

「いいね！やってみよう」

名選手、名監督にあらず——。スポーツ界では、一流のプレーヤーがリーダーになっても成功しないことがよくあります。自分にできたプレーが他の選手にできないのを許容できないというのも一つの理由でしょうが、それよりも問題なのは、「メンバーの意見に耳を傾けない」ことだと私は思っています。私は嫌いな言葉ですが、最近の若者が使う「老害」というフレーズも、この話と無関係ではないように思うのです。

かつて私は、さまざまな上司の下で働かせていただきました。チームの成果を出すことのできた上司、できなかった上司がいます。

その後、両者のマネジメントの違いについて考えた結果、私が辿り着いた答えの一つは、**【メンバーから「聞く耳を持っている」と思われているかどうか】**ということでした。

リーダーには、ビジョンを語り、みんなを巻き込んでいく姿勢が求められます。

ところが、世の中には、自分から発信するばかりで、メンバーの意見やアイデアを聞かない（受け付けない）タイプのリーダーがたくさんいます。

自分がプレーヤーとして一流だったという自負があるのか、あるいは、メンバーの意見の未熟さ・至らなさを減点法で見てしまうのか――。

メンバーが何かアイデアを言ってきたときに、

「それはそうなんだけど、こうしてくれ！」

「それは前にやってダメだったろ？」

――などと否定しがちなのです。

メンバーは、いつもそうやって否定されているうちに、「この人には、何を言っても仕方がないな……」となって意見を言わなくなります。

そして、自主性とモチベーションと考える力が失われ、言われたことだけをこなす人材になっていくのです。

それに対して、私が仕えた「成果の出るリーダー」は、こんな口ぐせを持っていました。

「いいね！　やってみよう！」
「で、そのアイデアを具体的に実現するにはどうすればいい？」

それだけではありません。アイデアを取り入れてくれた後には、フィードバックもしてくれるのです。

「中尾さんのアイデアをやってみたらすごくよかったよ！　ありがとう！」と。

もちろん、両者ともにプレーヤー時代に成果を出されていた人たちですから、実力は十分。それだけにメンバーの意見の足りないところが多く見えてしまうのでしょう。

ただ、そこで否定するか、その中でも良いところを認めて伸ばしていこうとするかで、メンバーがついていくかいかないかが決まってくると思います。

あなたは、「聞く耳」を持てていますか？

DAY 11

当たり前力

自分も会社も稼ぐための口ぐせ

口ぐせ 16

「粗利はいくら？」

あなたがもっと稼ぎたいのならば、まず会社が儲かるように働くことが大事です。そのときに最も注視すべき数字は、売上ではなく「粗利（限界利益）」です。算出する式は次のようになります。

【売上－変動費（売上数量に応じて変動する費用）＝粗利（限界利益）】

これをいつも頭に入れておいてください。

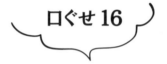

世の中には「売上至上主義」の会社がありますが、売上が上がれば儲かるとは限りません。たとえば、1本100円のペットボトルのお茶を売るために、これを70円で仕入れてくれば、1本あたり30円が儲けになります。しかし、売れ行きが悪いので60円に値下げして販売したら10円の赤字になります。

「そんなことは当たり前でしょ?」という声が聞こえてきそうですが、会社がこういう赤字を垂れ流していることはよくあるのです。

- 売上のノルマがきつい（売上至上主義の会社）
- 原材料価格が上がる
- 競合と過当競争になっているので、1円でも安く売らなければいけない
- 「安くしてくれたらいっぱい買ってあげるよ」という人が現れる
- 営業は何としても売上を上げたいので原価割れをしていても販売してしまう

こうならないためにも粗利目標を決めてください。目標が変わることで行動が変わってきます。

私のあるクライアントさんも、「粗利額を目標にしただけで、変な安売りをしなくなり、利益への意識が変わったら利益が出るようになった」と、その変化を実感しています。

社長の口ぐせが「いくら売れた？」から、「いくら儲かった？」「その企画はいくら利益出そう？」に変わっただけで、社員の行動が変わったのです。

売上目標とは〝どう頑張れば報われるのか？〟を示すための指標

最も大事な数字である粗利目標のつくり方をご説明する前に、皆さんにお伺いしたいことがあります。

「そもそもあなたやあなたの会社は売上目標をつくっているでしょうか？」

そんなものは意味がないと思われている方には、さらに伺いたいと思います。

「売上目標の意味とは何でしょうか？」

私が考える**売上目標の意味とは、「どう頑張れば報われるのか？を示すためのもの」**です。

たとえば、小学生の頃に、「このテストで100点を取ったら好きなおもちゃを買ってあげるよ」と言われて頑張ったことはありませんか。ちなみに私は、「ソフトテニスの大会で優勝したら、俺、カッコイイよな……」と妄想して頑張ったことがあります（笑）。

要するに、報酬は物でも気持ちでもいいので、とにかく「こういう目標を達成したら、こんなに良いことがある」と思ったから頑張れたわけですね。

では、「売上目標」では、どうでしょうか。「この売上目標を達成するとこんなに報われるんだ。だからやる！」と明言できる人は、目標を達成しやすい人です。

一方で、多くの人は「何のために？」ということを言えません。頑張って達成したときに得られる報酬がハッキリしていないからです。これでは達成する気がなくなっても仕方ありません。その原因は、会社側がメンバーに目標の意味を伝えることができていないことにあります。

営業課長やマネジャーの立場ではわからない（言えない）会社の数字もあると思いますから、ここは社長さんに申し上げるしかないのですが、「売上目標を立てる（もしくは達成する）意味などない。やめてしまえ！」という悪循環にならないようにするには、「欲しい繰越金から売上目標を逆算すること」が大事です。これは次ページでご説明しますね。

倍増セミナー②

「お金のブロックパズル」で会社のお金の流れと、部署の役割を理解する

粗利目標を決めるためには、自社のお金の流れの全体像を知ることが近道です。自社のお金の流れを簡単に知ることができるその図こそ、「お金のブロックパズル」です。

ここでは、117ページの図を使ってご説明したいと思います。お金のブロックパズルとは、西順一郎氏が著書『戦略会計STRACⅡ　―ザ・テキスト・オブ・金儲け』（ソーテック社、1982年）で紹介するSTRAC表（現・MQ会計表）をベースに、和仁達也氏がわかりやすく見える化したものです（『お金の流れが一目でわかる！超★ドンブリ経営のすすめ――社長はこの図を描くだけでいい！』〈ダイヤモンド社、2013年〉）。会計的な知識が2割ほどしかなくても、会社のお金の流れが図解で理解できるようになっています。

DAY11では、売上目標に意味を持たせるには「欲しい繰越金から逆算する」と書きま

した。繰越金は、117ページの図では右下隅にあります。
では、自社のお金の流れを左上から見ていきましょう。

①売上高

まずは、入ってくるお金です。今回は会社の売上を100とした場合で進めていきます。

②変動費

これは、売上数量に連動して増えたり減ったりする費用です。単純に売上ではなく、「売上数量」というのがポイントです。

たとえば、コンビニであれば「仕入れ」がそうです。売上数量が増えたら仕入れも増えるし、売上数量が減ったら仕入れは減りますよね。

③粗利（限界利益）

売上から変動費を引いたものです。この数字は、よく「企業の稼ぐ力を表している」と言われます。なお、ここで言う「粗利」は会計用語で言うところの「限界利益」です。一般的に言う売上総利益とは似て非なるものなのでご注意ください。

④固定費

これは売上に関係なく発生する費用であり、⑤人件費と⑥その他固定費の大きく二つに分かれます。

⑤人件費

人にかかるお金です。人件費、労務費、社会保険料、福利厚生費などが入ります。

⑥その他固定費

変動費と人件費以外の費用です。

⑦利益

粗利から固定費を引いた残りです。営業利益や経常利益などありますが、ここでは経常利益ということにして話を進めます。一般的に多くの人が「利益」と言っているのはこの部分でしょう。「うちの会社は利益が出ているのに、全然還元してくれないよ」などと不満を漏らすのは、「この後」のことを知らないからかもしれません。

そうです。「利益＝残ったお金」ではないのです。

⑧税金

当然ながら、利益に応じて税金がかかります。

「お金のブロックパズル」でお金の流れを視覚的に理解する

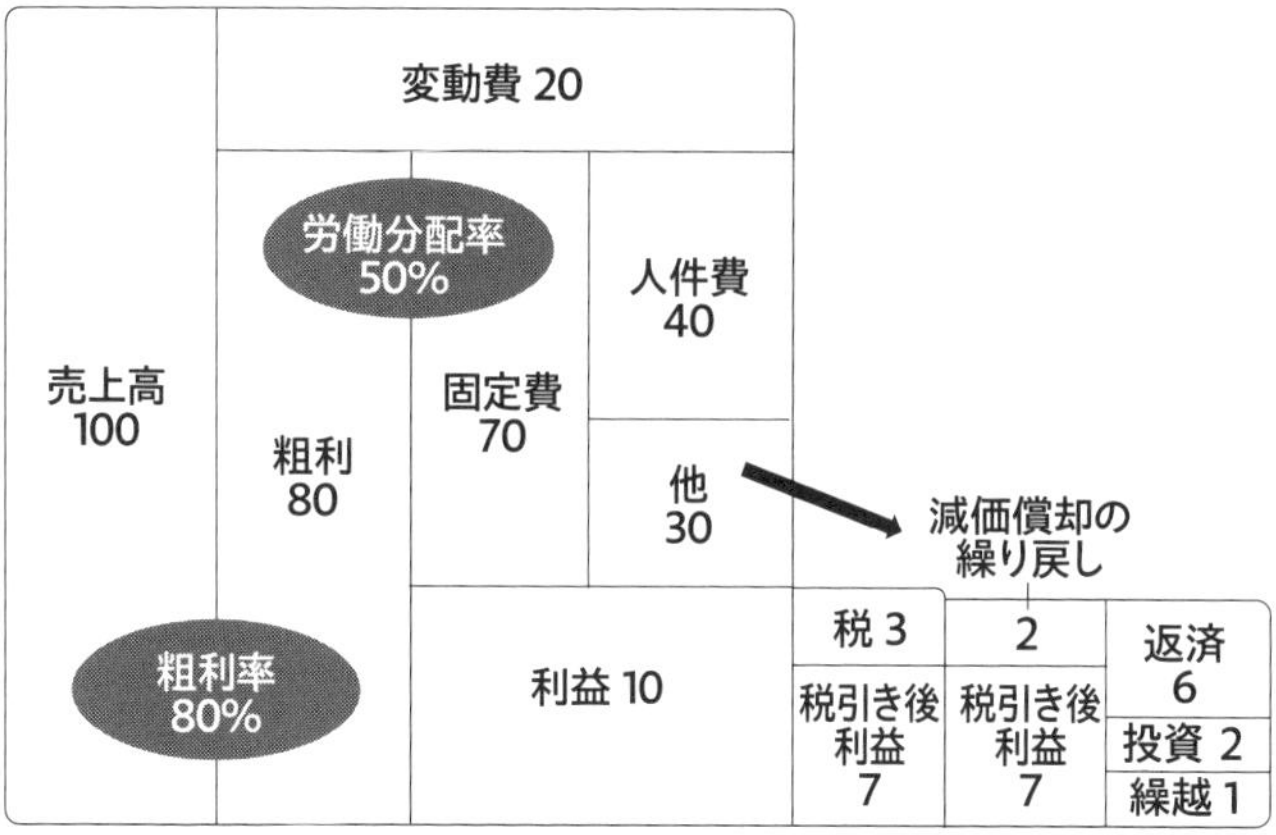

出典『超★ドンブリ経営のすすめ』和仁達也

⑨税引き後利益

利益から税金を引いたものです。が、これが「残ったお金」かと言うと、まだ先があります。

⑩減価償却費の繰り戻し

ざっくり言うと、減価償却費とは、実際にはお金が出ていないのに費用になっている費用のことです。お金が出ていないので、足します。

⑪返済

税引き後利益に減価償却費を足したものから返済を行います。返済には、元金と利息がありますが、ここでは元金返済のことを言います。

まずここが、大きなポイントなのです

が、返済は税引き後利益に減価償却費を足したものから行うということです。元金返済額は、損益計算書には載りません。

よくある失敗は、「節税だ」とお金を使って税金を減らしたものの、返済のためのお金もなくなってしまうケースです。お金を残したいのなら、節税の方法をしっかり考える必要があります。

⑫設備投資

返済と合わせて、損益計算書に載らない「出ていくお金」が設備投資のお金です。これが減価償却費の基になっているのですが、話がややこしくなるので、ここでは割愛します。

⑬繰越利益

最後に、ここで残ったお金が来期に繰り越されます。俗にいう「内部留保」ですが、二つの意味で必要になります。

一つは、万が一の備えのためです。コロナ禍などで、売上がいきなり下がってしまったようなときでも固定費はかかってしまいます。そんな事態のために備えておきたいお金です。

もう一つは、将来の投資のためです。新しい社屋を建てるために、コツコツと貯めておくようなお金です。

さて、以上がざっくりとした会社のお金の流れですが、粗利予算を立てるには、この繰越金をいくら欲しいかというところから逆算していくことが大事なのです。

今度は、逆算して計算式を書いていきます。

前述の⑧〜⑬（117ページの図の右のはみ出た部分）に関しては、このようになります。

【欲しい繰越金　＋　必要な設備投資資金　＋　必要な返済金額　＝　減価償却費＋税引き後利益】

次に、図の中央に移ると、人件費も、その他固定費も、税金も、計算すればおおよその数字が出てくるので、それを足すと必要粗利が出てきます。

【必要利益　＋　予定その他固定費　＋　予定人件費　＝　必要粗利】

ここで「必要粗利」という言葉が出てきましたが、これが粗利予算になります。粗利予算を達成すれば、予定の人件費と、予定の固定費と、必要な利益が賄えます。ということは、この粗利を達成すれば、社員（自分たち）が報われるということです。

必要利益を達成するということは、「将来こうなりたい」という状態へ近づくことだからです。予定の「その他固定費」に買いたい物を入れてもいいし、予定の「人件費」に給料アップ後の金額を入れてもいい。そこには、社長の夢も社員の幸せも入っています。

理想の状態があり、それを金額に直すといくらになり、それを○年で達成するにはどうするかを逆算で出すものが必要粗利なので、みんなの夢が詰まっているのです。

もちろん、完全に理想だけでは実現不可能な必要粗利が出てきます。そのため、実現できるように不要な費用をカットしたり、投資を先延ばししたりすることが必要です。

これを踏まえた各数字が「予算」であり、逆に、適当な数字を並べただけのものは「予算」とは言えません。

最後に、その粗利予算を達成するために必要な売上はどうやって出せばいいのか？

計算式は次のようになります。

【必要売上 ＝ 粗利予算 ÷ 粗利率】

たとえば、117ページの図で必要粗利が80とするならば、【80 ÷ 0・8 ＝ 100】となるわけです。その数字が、「達成すると報われる売上目標」になります。

このように、「お金のブロックパズル」を用いた売上目標と粗利目標の話が腹落ちすれば、あなたやメンバーの意識・行動はまったく変わっていくはずですよ。

DAY 12

当たり前力

給料や評価を上げたいと思ったときの口ぐせ

口ぐせ 17

「会社を儲けさせている？」

「自分はこんなに頑張っているのになぜ報われないんだ？」と不満がある人は、いったん冷静になって自分の仕事ぶりを振り返ってみてください。上司から言われたことだけをやっているのではありませんか？　自分のためだけに頑張っているのではありませんか？　給料を増やしたかったら、会社全体が良くなるように、そして、会社が儲かる働き方をすることが大切です。

以下は以前、「転職を考えている」とこぼしていた友人との会話です。当時その友人は、新人の教育係を任されたところだったのですが、振られる業務が多すぎる上に給料も上がらないとのことで、だいぶストレスが溜まっているようでした。

友人「新人が入ってもすぐ辞めてしまうし、私も仕事を押し付けられるばかりだから、転職しようかなと考えているんですよ。何か良い仕事はないですかね？」

中尾「良い仕事というけれど、今の仕事で成果を出せない人が転職しようとしても、転職先でも同じような愚痴を言う羽目になると思うよ。今の仕事で成果を出せるように頑張ってみたら？」

友人「そう言われても、忙しいし、どうせ何も変わらないですよ」

中尾「今から言うことを騙されたと思って実行してみてよ。まず、新人の教育係の役目は何だと思う？」

友人「新人を教育することでしょ？」

中尾「では、どうなったときに『新人の教育ができた』と言える？」

友人「それは一人で業務ができるようになったときでしょうね」

中尾「どんな業務があるか列挙してみて」

友人「そうだな。AとBとCとDとEと……他にもいろいろありますね」

中尾「その列挙した業務を一つずつ、易しい順にレベル分けできる？　レベル別に分類した表を新人と共有しながら教育していったらどうなるだろう？」

友人「……！　これなら、新人が何の業務をできるようになればいいかが一目瞭然ですね。今までは適当に教えていたので教え漏れがあったり、新人がどこまでできるようになっているかがわからなかったりしたけれど、これがあるとお互いにわかりやすい！」

中尾「そうなったら離職率はどうなりそう？」

友人「新人も安心するし、こちらも段階を踏んで教えられるから、離職率も下がりそうですね。何でもっと早くやらなかったんだろう？　うちの会社はダメだな」

中尾「君が変えていけばいいよ。これで新人の教育プログラムを作って離職率が下がれば、君の成果だよ」

友人「ありがとうございます♪　週明け、会社に行ったらさっそくリストをつくり、所長に見せてみます！」

その1カ月後、友人と再会して話を聞くと、彼の提案に所長がいたく感動して、給料アップを上と掛け合ってくれたそうです。友人も「今までこんなことを言われたことがなかった！」とビックリしていました。

ここでは新人教育がテーマでしたが、本質はどんな業務であっても同じです。**言われたことだけをしていたり、自分のためだけに頑張ったりしていては、会社全体が良くなるようには働けていません。**

給料を増やしたければ（評価を上げたければ）、会社が儲かる（良くなる）ように働ければいいのです。

もし、今でもそのつもりで働いているのに報われないと感じるなら……。上司や、他部署の人にどう思うか聞いてみてください。真に働いている人の仕事ぶりを見ている人は必ずいますよ。

DAY 13

当たり前力

部下による「やるやる詐欺」に対処するときの口ぐせ

口ぐせ 18

「根拠は？」

「やります！」「できます！」「絶対達成します！」と宣言しておきながら結局は達成できないメンバーたち——。そんな「やるやる詐欺」に裏切られ続けているマネジャーさんは、メンバーの意気込みや調子の良い言葉ではなく、「できる」というその根拠を問いましょう。大事なのは「行動の量」です。

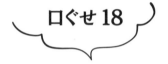

「絶対に達成します！」とまで言い切らずとも、「頑張ります！」とか「全力で取り組みます」といった言葉遣いをする人は多いですよね。これに対して、マネジャーはどのように対処したらよいのでしょうか。

以下は、年明けの仕事始めにおける上司と部下のやり取りです。

上司「今年こそは目標を達成したいね」
部下「達成したいです」
上司「今年はできるよね？」
部下「必ず達成します！」
上司「おお！　今年は例年になく気合いが入ってるじゃないか、いいね♪　で、その根拠は？」
部下「………根拠、ですか……？」
上司「目標を達成するという根拠を出してください。つまり、具体的な行動計画です。今日中につくって提出してね。私が納得するものができるまで出し直してもらうから、そのつもりで取り組んでください」

部下「わかりました……」

上司「行動計画をつくったら、ちゃんと行動しているかも毎週報告してもらいますから、よろしくね。意気込みの結果を数字で示してください。今年は数字にこだわるよ！」

このように、目標達成の確率を上げるためには、行動を変えることが必要です。目標を達成するには、どんな行動をどれだけしないといけないのか計画し、行動の「量」を増やしましょう。

勘違いしてはいけないのは、成果を出せないうちは、より有効な手段、より効率的なことを求めようとしないことです。

目標を達成できない人ほど質を上げようとするのですが、「質」を上げるのは「量」をこなしてからの話です。

学校の勉強も同じですよね。成績の悪い人は「最高の勉強のやり方」とか「ベストな参考書」みたいなものを探しがちですが、成績の良い人はそもそも勉強する量が多いのです。

たくさん勉強しているからこそ、試行錯誤しながら、より有効な勉強法にも気づくわけですね。

もし、部下が軽はずみに「やります！」「できると思います！」といったことを言ったら、そこで話を終わらせず、その根拠を尋ねましょう。

おそらく説明できないはずですから、**《どんな行動を、どれくらいの量をすれば目標を達成できるのか？》**という根拠を部下と一緒に考えてみてください。

DAY 14

目標設定力

失注した部下の成長を促すための口ぐせ

口ぐせ19

「どんな条件だったらできた？」

どんなにすごいトップセールスでも、お客さまから断られた（失注した）ことがない人はいません。だから、上司は「断られること（失注）を恐れるな。たくさん断られろ」とアドバイスするわけですが、原因を分析せずに、ただ玉砕し続けていたらメンバーはいつまでも成長できませんし、心も折れてしまうでしょう。そんなときには、メンバーが希望を持ちながら自ら改善できるアドバイスをしてあげてください。

断られた（失注した）原因を分析して次に生かす──。

これは、セールスパーソンとして非常に重要なことです。ただし、そのときに多くの人が間違えやすいのは、自分の「悪い部分」や「ミス」に焦点を当ててしまうことです。

「受注できなかったのはトーク技術が足りなかったからだ」
「商品知識が足りなかった」
「先方とのコミュニケーションが不足していた」

こんなふうに、自分の足りないところにばかり目を向けてしまうと、分析するのが嫌になってしまいます。さらには、

「自分にセールスパーソンとしての魅力がなかった」
「そもそも営業に向いていない」

などと、自分を否定する方向にも走りがちです。

こうなると、営業自体が苦しくなり、成功の必須要素である「たくさん断られる」ということができなくなってしまいます。

では、必要以上に落ち込まずに失敗を次に生かすには、どうすればいいのでしょうか？

それは**「どんな条件が揃っていたら受注できていたか？」**という言葉です。

つまり、「自分に足りないもの」を数えて落ち込むのではなく、「これがあれば自分にもできるもの」を見つけて前に進むのです。

たとえば、こんな感じです。

「課長だけじゃなく、部長にも根回しすれば結果は違ったかな」

「商談の大事な場面では上司に同席を頼んだほうがいいな」

「先にもっと相手の課題感を深堀りしていればよかった。次はそうしよう」

足りないところに目を向けても、必要なところに目を向けても、結局のところは同じ結論（行動）になります。

しかし、後者を口ぐせにすれば、「次からどうすればいいのか？」のアイデアがどんどん出てくるので、メンタルの状態が大きく違ってくるのです。

一つ失敗しても、一つ解決策が見つかったと思えばいい——。こう考えて、失注分析を次に生かしていきましょう！

DAY 15

当たり前力

仕事で大ピンチに陥ったときの口ぐせ

口ぐせ 20

「それって事実？ それとも解釈？」

絶体絶命——。仕事をしていれば、誰でも一度や二度は「大ピンチ」に陥ったことがありますよね。私にもたくさんありました。ただ、そんなときに忘れてはならない大事なことがあります。①簡単にあきらめない、②自分の中だけで解決しようとしない、③事実と思い込みを区別するために確認する——の三つです。

私がスーパーマーケット向けのお茶の営業をしていたとき、ある日、売上がドカーンと減ってしまったことがありました。

「え？　なぜこんなに売上が悪い？　何が原因だ？」

パニックになりながら売上の中身を見てみると、ある取引先の売上が大幅に落ちています。広範囲に店舗展開をしている「Aスーパー」でした。

すぐにAスーパーの売場を見に行くと、自社商品が並んでいるはずの場所に、PB（プライベートブランド）商品が並んでいるではありませんか！

終わった——と思いました。

PBはその会社が力を入れて売る商品ですから、私の会社の商品の代わりにPBが置かれているということは、「君の会社の商品はもう取り扱わないよ」と言われているのと同じだからです。

さらには、PBはAスーパーの本部のバイヤーが扱っているため、私の担当のエリアでは何ともできないのです。

こうなると私もすっかり観念して、その件を上司に報告しました。

「もうAスーパーの取引拡大は無理です」

するとと上司は、こう言ったのです。


「事実確認はしたの？『どうにかならない？』とバイヤーに聞きに行った？」

「無理ですよ。だってPBは本部の管轄なんですよ。エリアではどうにもならないですよ」

「それは君の解釈だよね？　事実確認だけでもしてきて！」


上司の命令ですから従わざるを得ませんが、無理なものは無理なのだから、そこで無駄な抵抗をするのは気が進みません。

ところが、エリアのバイヤーにアポを取って話してみると、彼はこう言ったのです。

「PBを入れるのは会社の方針だからやるけれど、御社商品の取扱いを中止するつもりはありません。どうすればいいか中尾さんのほうから提案してください」

そこで売場提案をしてみたら、その提案が採用されて、自社の売上が回復したのでした。

こちらから提案すれば話を聞いてくれることがわかり、その後はいろいろ提案することでAスーパーにはたくさん商品を取り扱っていただきました。

もし、上司に報告したときに、「事実確認をしてきて」と指示されなければ、バイヤーに確認に行くこともなくあきらめていたと思うとゾッとします。

困ったときには「無理だ！」と簡単にあきらめる前に、**事実を確認しましょう。事実と思い込みをきちんと切り分けて、物事に対処する**ようにしてくださいね。

DAY
16

当たり前力

メンバーに営業の本質を理解させるための口ぐせ

口ぐせ21

「ありがとう」を稼ぐ！

「営業が嫌い、苦手」という人は、営業という仕事を勘違いしているようです。営業は本来、「ありがとう」と感謝される仕事です。その商品やサービスを販売することで、お客さまの望みを叶える、あるいは、お客さまの抱える問題を解決してさし上げるからです。また、「数字、数字と言われて嫌になる……」というメンバーがいたら、マネジャーから「売上数字の意味」をきちんと伝えてみましょう。

「私は営業が苦手なんです……」

こんなふうに話す方は結構いらっしゃいます。なぜそう思うのか、営業嫌いの方に尋ねてみると、異口同音《いくどうおん》にこうおっしゃいます。

「好きでもない人にペコペコ頭を下げる仕事」

「無理やり物を買わせる」

「接待とか付き合いとか面倒くさい」

しかし、営業で成功している人の声は、これとは真逆です。

「お客さまから『ありがとう』と言われる、やりがいのある仕事」

「必要な物をお客さまに選んでいただく」

「いろいろな人と出会えて楽しい。会社の外に人脈をつくれる」

どちらの声も、当人にとっては事実なのでしょう。ただ「見方」が違うだけです。

そういえば、以前こんなことがありました。クライアントさんである整体院でスタッフAさんと雑談していたときのことです。

中尾　「あと1カ月で5キロダイエットしないといけないのに、なかなかできないんですよ」

スタッフAさん　「この酵素ドリンクを飲んで、ファスティング（断食）をしたらどうですか？」

中尾　「なるほど。試してみようかな……」

スタッフAさん　「それだったら、痩せるツボあるから、整体のときにそのツボも押しますよ。さらに加圧トレーニングをすれば目標達成に近づくと思いますよ」

こんな感じのやり取りになって、結局、「酵素ドリンクと整体、加圧トレーニング」をフルセットで買って、まあまあの金額を払うことになりました。

でも、結論を言うと、私は5キロ痩せることができました。それだけではありません。その後の1カ月半で10キロの減量に成功したのです。

「スタッフのAさん、あのとき、私にフルセットを売ってくれてありがとう♪」

そのときの私は、こんな気持ちでした。たしかに金額は張りましたが、もしあのとき購入したのが酵素ドリンクだけなら、目標を達成できていなかったかもしれません。勧められたときにもまったく嫌な気持ちにはなりませんでした。Aさんが、私のダイエットの成功を本気で考えて勧めてくれているのがわかったからです。

その商品が高価なものであっても、買うか買わないかはお客さまが判断することです。明らかに詐欺的なものはもちろんダメですが、お客さまのためを思ってフルパッケージを提案するのは、売る側の礼儀だと思います。

もし、すぐにそんなふうにはなれないと思った方は、**買い物をしたときに「自分に売ってくれてありがとう！」を口ぐせにしてみてください。**これを続けていると、営業は感謝される仕事だとわかります。

そして、数字、数字と言われてうんざりしているメンバーがいたら、マネジャーさんは「売上数字＝お客さまの喜びと満足の総量」であることを、みんなで話し合っていただきたいと思います。

・自分たちはお客さまにどんな満足を与えているか？
・もっと満足してもらうために何ができるか？
・期日までにお客さまにもっと喜んでもらえるような営業活動をして、喜んで対価をいただくにはどうすればよいか？

この考え方が腹落ちすると、「もっと喜んでもらうぞ！」と行動が前向きになりますよ。

DAY 17

目標設定力

売上が安定しないメンバーに対する口ぐせ

口ぐせ 22

「お客さまは誰？」

売上が良かった人が、扱う商品が変わったり、転勤してエリアが変わったり、あるいは転職するなどして売れなくなってしまうことはよくありますよね。逆に、どんな環境に置かれても安定的に商品が売れるセールスパーソンもいます。両者の違いの一つは、努力するポイントの優先順位の違いです。いつ、どこでも売れる人は、何を話すかよりも、誰に話すかを常に考えているのです。

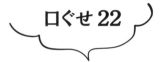

私の経験では、売上を上げるために「何をどんなふうに話すか?」を考え、主としてそちらの方向で努力していた人は、環境の変化にとても弱いような気がしています。

そういうタイプの人は、特定の商品を売るためのセールストークに長けていたり、特定のお客さまと親しくなっていたから売れていた可能性が高いからです。

それに対して、**どんな商品を扱っても、どんなエリアに行っても、安定的に売上が良い人は、「何を話すか?」の前に「誰に話しに行くか?」を考えています。**

営業の売上の公式である、

【売上 ＝ 商談社数（商談人数）× 成約率 × 商談単価】

という考え方が身に付いているのですね。

売上の良い人は、そもそも活動している量がとても多いのですが、そうであっても自分が商談に行ける人数は物理的に決まっているので、単価の高くなりそうなお客さまから優先的に商談に行っています。

その上で、「どうしたら買ってもらえるような話ができるか」を考えているので売上が上がるのです。聞けば当たり前の話ですよね。

しかし、ルートセールスや店舗の販売員をやっていると、訪問するお客さまが決まっていたり、来店したお客さまに対応したりするので、いつの間にか、「何をどんなふうに話すか？」という思考になってしまうのです。

新規顧客を獲得するには、「何を話すか？」の前に「誰に話しに行くか？」から考えましょう。

ターゲットを明確化しているか？

誰に話しに行くかに関連したトピックですが、マーケティングの世界では「ターゲットを明確化しましょう」とよく言われます。

しかし、クライアントさんと話していると、「なぜ明確にしなければいけないのですか？」と聞かれることが多いので、ここで書いておこうと思います。

それは、見込み客に刺さるメッセージを考えるためです。

たとえば、左のイラスト図は、以前私が購入した書籍（ムック）です。

タイトルは、『2打目を乗せる！』（プレジデントムック：ALBA TROSS-VIEW：グローバルゴルフメディアグループ）。

この本は、ゴルフで2打目がグリーンに乗らない人のためにつくられています。ゴルフをやらない人には必要がないし、2打目が乗る人も買わないと思います。

私のように、ドラコンを獲ってブービー賞をもらうゴルファーにはメチャメチャ刺さるわけです（すでに何を言っているかわからない読者の方もいることでしょう）。

でも、私は値段を気にせずに買うのです。「私のための本だ！」と。

これがターゲットを明確にするということです。先ほどのゴルフ本の後継本として、『アイアン　2打目で乗せる！（同）』も発売されていますから、やはり一定のニーズはあるのですね。

見込み客に刺さるメッセージをつくりたいと思ったら、どんな状況の人が『これは私のことだ！』と思うかを考え抜いてください。

DAY 18

当たり前力

セールスパーソンとしての成長を促すための口ぐせ

口ぐせ 23

「お任せ ください！」

お客さまの立場から考えてみると、一生懸命なのはわかるけれど何となく自信なさげなセールスパーソンよりも、自信というか良いオーラが出ている人のほうを選びたくなります。それはあなたが何か買うときにも同じですよね。では、どうしたら良いオーラが出せるようになるのでしょうか。たとえば、本文の二つの言葉を口ぐせにしてみてください。

ある中小企業の役員の方と話していたときに、こんな話題になりました。

役員　「良いオーラを出している人っているよね」

中尾　「たとえば、どんな人ですか？」

役員　「そうだなぁ、最近で言うと……、あ、〝彼〟がいた！　○○という若い人なんだけど、彼は飲み会の場所を決めるときに自分から『私にお任せください！』と言うんだよ。これ一発で彼のことが気に入ってしまった」

中尾　「それは素晴らしいですね」

役員　「『頑張ります！』と言う人は多いけれど、『お任せください！』と言う人はなかなかいないからね」

たしかに、**「頑張ります！」よりも「お任せください！」のほうが、結果にコミットしている感じや、そのことに対して自信を持っていることが伝わってきます。**

また、本人としても、そこまで言った以上、相手の信頼を裏切るわけにはいきませんから、自分の行動も以前とは変わるはずです。

上手くいけば自信とノウハウが身に付きますから、次はもっと自信を持って「お任せください！」と言えるようになります。

鶏と卵はどちらが先でもいい。若くても、キャリアが少なくても、「お任せください！」を口ぐせにしてみましょう。

経験を重ねるうちに、自然と良いオーラが出るようになります。

とはいえ、あまりに経験やスキルが少ない場合や、自分とは不釣り合いなくらい大きな会社との取引を望んでいる場合に、さすがにまだ「お任せください！」とは言えない状況もあるでしょう。

そんなときは、次の言葉を口ぐせにしてみてください。

「御社のお役に立ちたいんです！」

これは、あるセールスパーソンから教えてもらった言葉ですが、私自身のキャリアを振り返ってみても、この思いはとても大切だったと実感します。

自分にはまだ実績がないときもそうでしたが、その後、ある程度キャリアを積んだときに大失敗をしてしまいました。

仕事がある程度紹介で入ってくるようになったときに、あるクライアント先でコンサルティングの成果が出なかったことがありました。そのとき、私はやることはやったし、不可抗力なんだから仕方がないと思っていましたが、後日、そのクライアントさんからお怒りのメールをいただきました。

「コンサルティングで結果が出なかったのは仕方のないことだが、それよりもあなたの仕事の進め方に疑問がある。（中略）そういう姿勢のコンサルタントとは一切の関わりを持ちたくありません」

そのメールを見たときに私は猛反省をしたのです。本当にこのクライアントさんの役に立ちたいと思って、全力で仕事に取り組んでいたか？　知らず知らずのうちに手を抜いてはいなかったか？

いつの間にかチャレンジ精神が薄れていたのです。

それからは、「あなたのお役に立ちたいんです！」という言葉を胸に刻み、この言葉を言い続けています。

DAY 19

当たり前力

B to Bへ販路を拡大したい部下への口ぐせ

口ぐせ24

「相手はどう儲かる？」

個人向け商売から法人向け商売に進出するには、「売っているもの」を変えることが必要です。とはいえ、扱う商品自体を変えるのではありません。あなた自身の〝売り方〟を変えるのです。個人向け商品は「感情」を売っているのに対して、法人向け商品は「稼ぎ方」を売っているからです。これを知らないと法人相手の営業は難しい――ということは、これを意識すればいいのです。

同じ商品を扱うとしても、売る相手が個人か法人かで、売り方の姿勢を変えなければ商売は上手くいきません。この点を理解しているかいないかで、売上成績は大きく変わってきます。

たとえば、あなたがケーキ屋さんだとします。

個人向けにケーキを売っているときには（B to C）、そのケーキを食べた人が、「美味しい♪　幸せ〜」となるように、ビジネスを組み立てますよね。

重要なのは、美味しいものをつくることと、ブランディングです。つまり、ケーキを通して、「幸せ♪」という感情を売っているわけです。

ところが、自分のケーキをスーパーマーケットに卸したい（B to B）と考えた場合はどうでしょうか。

スーパーのバイヤーに対して、「このケーキは美味しいので置いてください」と話したとして、よほどのブランド力がなければ簡単には取り扱ってもらえないでしょう。

おそらく「美味しいのはわかるんだけど、今扱っている既存のケーキがあるしなあ……」となる可能性が高いと思います。

では、あなたはどうすればよいのか？

ここで大事なポイントになるのが、「法人向け商売は稼ぎ方（儲け方）を売る」ということです。

つまり、そのケーキを使った稼ぎ方（儲け方）をバイヤーに提案すればいいのです。

たとえば、こんな感じです。

「このケーキはうちの看板商品で、年間100万個売れています。おそらくこの地域ではナンバー1です。

他の店を選ばず、わざわざうちに来てくれているお客さまがたくさんいますから、こちらに置いていただけたら、足を運んでくださる人が多いはずです。スーパーで取り扱っていただける際には、うちの看板を売場に出していただき、こちらで販売実績やこだわりを書いたPOPも用意します。定期的に試食販売もやりますよ」

誰にとってどんな価値があるか言語化してみよう

誰にとって?	何が?	特徴	感情	どう儲かる?
消費者A	ケーキ	程良い甘さ	美味しい♪ 幸せ♪	
消費者B	ケーキ	持ち運びしやすいパッケージ	手土産に良さそう♪	
C社バイヤー	ケーキを取り扱う	年間100万個販売	上司にほめられて嬉しい	売上○円UP
C社バイヤー	売り方提案	こだわりのPOP	上司にほめられて嬉しい	売上○円UP
C社経営者	N社との新規取引	他店との差別化	安心	目的来店増 売上の安定

ここまで説明すれば、バイヤーもお試しで取り扱ってみようとなるでしょう。

スーパーに限らず、法人相手の商売では、どうしたら相手に稼がせることができるかをいつも考えるようにしてみてくださいね。

DAY 20

心理開墾力

部下との信頼関係を深めるための口ぐせ

口ぐせ 25

「いつも見ているよ」

頑張ってはいるけれど、なかなか成果が出ないメンバーに、あなたはどんな言葉をかけていますか？　もちろん、何がベストかは、そのときの状況やメンバーの性格、あなたとの関係性など、個別のケースによって違います。ただ、どんな場面でも大事なのは、相手を「認めること」。結果ではなく、その人の努力や成長を――もっと言えば、その人自身を認めてあげることです。

私が、『キャッシュフローコーチMVPコンテスト』という大会に出たときの話です。

この大会は、コンサルタントの〝甲子園〟のようなものなのですが、私は本番当日まで本当に頑張って資料をつくり、プレゼンの練習をして、満を持して登壇しました。自分では、やり切ることができたと思います。

しかし、MVPになるという目標は叶いませんでした。

大会の後、ありがたいことに、いろいろな人から声をかけてもらいました。

「良かったよ！」とほめてくれた人。

「運が悪かっただけだよ」と慰めてくれた人。

一方で、

「○○○○だな」と、傷口に塩を塗るような発言をした人もいます。

そんな中、私が一番嬉しかった言葉は、日本キャッシュフローコーチ協会・代表理事の和仁達也先生がかけてくださった一言でした。

「中尾さんの成長を見てきたよ」

ほめるのでも、慰めるのでも、けなすのでもなく、ただただ、これまで私がやってきたことを認めてくれたのです。

このとき私は、結果よりも、自分の頑張りや努力を見ていてくれる人、認めてくれる人が身近にいることが、どれだけ心の安定や仕事へのモチベーションにつながるか身をもって理解しました。これこそコンサルタントのあり方であり、また、上司としてのあり方だと思いました。

以来、私もクライアントさんや一緒に仕事をする仲間に対しては、そのことを意識して接するようになりました。

大谷翔平選手の話題で感じたこと

同様のことは、最近、ロサンゼルス・ドジャースの大谷翔平選手のニュースを見ても感じたのです。

2024年のシーズン——。大谷選手は、専属通訳の大スキャンダルに巻き込まれたショックのためか、開幕直後は打撃の不調が続きました。

マスコミやアンチのファンが、やいのやいのと興味本位に騒ぎ立てる中、ドジャースのデーブ・ロバーツ監督は、大谷選手に対して「**自分らしくいれば、それだけでいい**」と言葉をかけたそうです。

単なる推測になってしまいますが、大谷選手も、この言葉に救われ、大いに勇気づけられたのではないでしょうか。上司に当たる人が、日頃からの努力や人柄をただ認めてくれたのですから。

もちろん、大谷選手と私たちのような凡人ビジネスマンとでは、その実力や実績は比較になりません。しかし、仕事においてその人なりの結果が求められるという点では同じ。認めてもらえば嬉しいのも同じでしょう。

だから、マネジャーの皆さんには、頑張ってはいるもののイマイチ成果に結び付いていない部下がいたら、あれこれ手を打つ前に、

「君が〇〇を頑張っていることはわかっているよ」

「少しずつ成長しているよ」

——こんな言葉をかけて、まず日頃の努力を認めてあげてくださいね。

DAY 21

当たり前力

上司のマネジメントに不満を感じたときの口ぐせ

口ぐせ 26

「役を知り、役に徹し、役を超えない」

あなたは、自分の上司に対して不満を持っていませんか？　自分が経営陣にでもなったかのように勘違いして、その上司に対して内心でダメ出しをしていませんか？　私も会社員時代はそうでした……。そんな自分に気づいたら、「自分は自分の役割に徹しているか？」と振り返ってみましょう。

「自分の役割に徹する」とは、上司がどうであろうと、目的・目標を成し遂げるために、自分の役割の中でできることを全部していくということです。

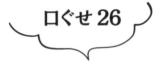

ある会社でマネジャーを務めるBさんと話す機会がありました。多くの皆さんにも当てはまるケースだと思うのでご紹介します。

マネB　「うちの上司には困っているんですよ」
中尾　「どうしたんですか」
マネB　「とにかく動いてくれないんです。方針も指示もない。これじゃ、僕もマネジャーなんてできませんよ……」
中尾　「たしかにそれは大変ですね。でも、『上司が何も動いてくれないから、自分はできない』というのも、ちょっと違う気がするんです。**上司が動かないのなら、自分から『その目的のためにはこうしたほうがいいのでは？』と提案してみてはどうでしょうか。**もし上司が『じゃあ、そうしてくれ』と言ったら、Bさんが動けばいいわけですから」
マネB　「まあ、そうですが、方針を決めて指示を出すのは、本来は上司の仕事じゃないですか？　それをしないのはおかしいと思うんです」
中尾　「そうですよね。でも、『本来の仕事』ということで言えば、上司に対して方針や指示を確認していくのもBさんの役割ではありませんか。任された組織に求められる成果を出すのが、マネジャーの仕事であるならば、自分から上司を動かすこともそこには含まれているると思いますよ」

このBさんに限らず、「上からの指示がないからできません」とか、「明確な方針がないから動けません」とグチをこぼすマネジャーは少なくありません。そして、それが会社批判や体制批判のような話にもなっていきます。

気持ちはわかりますが、それならば自分からどんどん上に確認しませんか？

先ほど、自らの仮説を持つことなしに相談してくる「指示待ち部下」の話を書きましたが（DAY2「君はどうしたいの？」）、マネジャー自身も同じです。うっかりすると、そうなっているケースが多いのです。

私自身も勘違いしていた「役に徹する」の意味

——とアドバイスをしている私自身も、組織のナンバー2だったときには、そこを履き違えていたので偉そうなことは言えません。

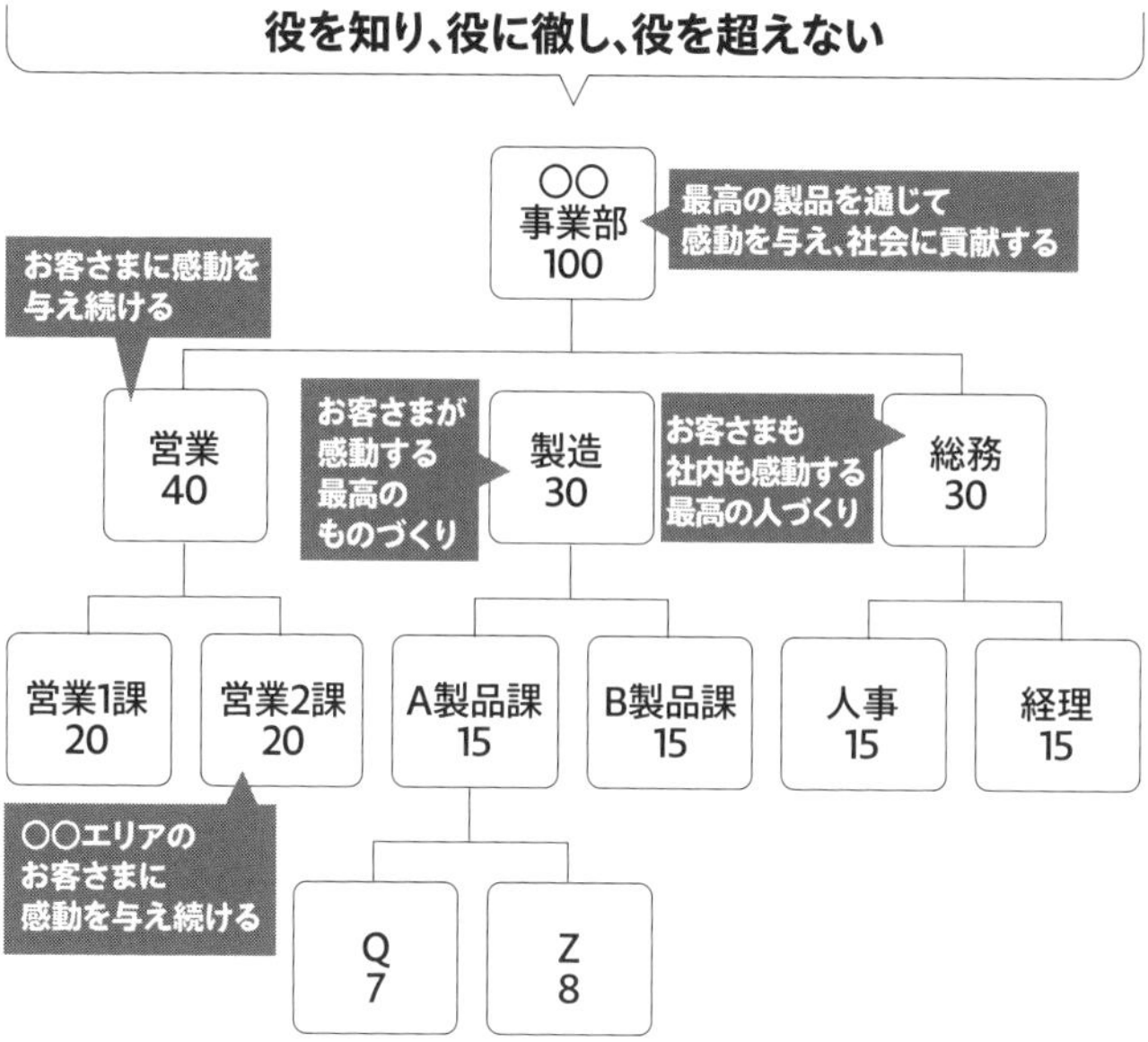

Q1 自社の目的（理念、社会的役割）は何か？
調べたり考えてみよう

Q2 自社の組織図を書いてみよう

Q3 自分の部署の目的（役割）は何か？
自分の部署の一つ上の部署の目的は何か、言語化してみようナンバー2の役割は、トップが大まかな方向性を決めたらそれを具現化することですが、私は自分の役割を超えてトップに対して文句ばかり言っていたのです。

まともな具体案も出さずに、「その方向性ではダメでしょ?」と。

もちろん、会社員にとって、自分の今のポジションより一つ高い視座から物事を見られるようになることはとても大事です。

でも、それと、昔の私のように役割を超えて不満を募らせ、ただ文句を言っているのとはまったく違う話です。

部下として大事なことは、自分の役割をきちんと理解して、その中でできることをやり切ることです。

一つ高い視座を持つなら、会社や上司が自分に何を期待しているのかを読み取るようにしてください。

役に徹するとは、

「自分の役割を超えたことはせず、ダメなら他人のせいにする」という意味ではなく、

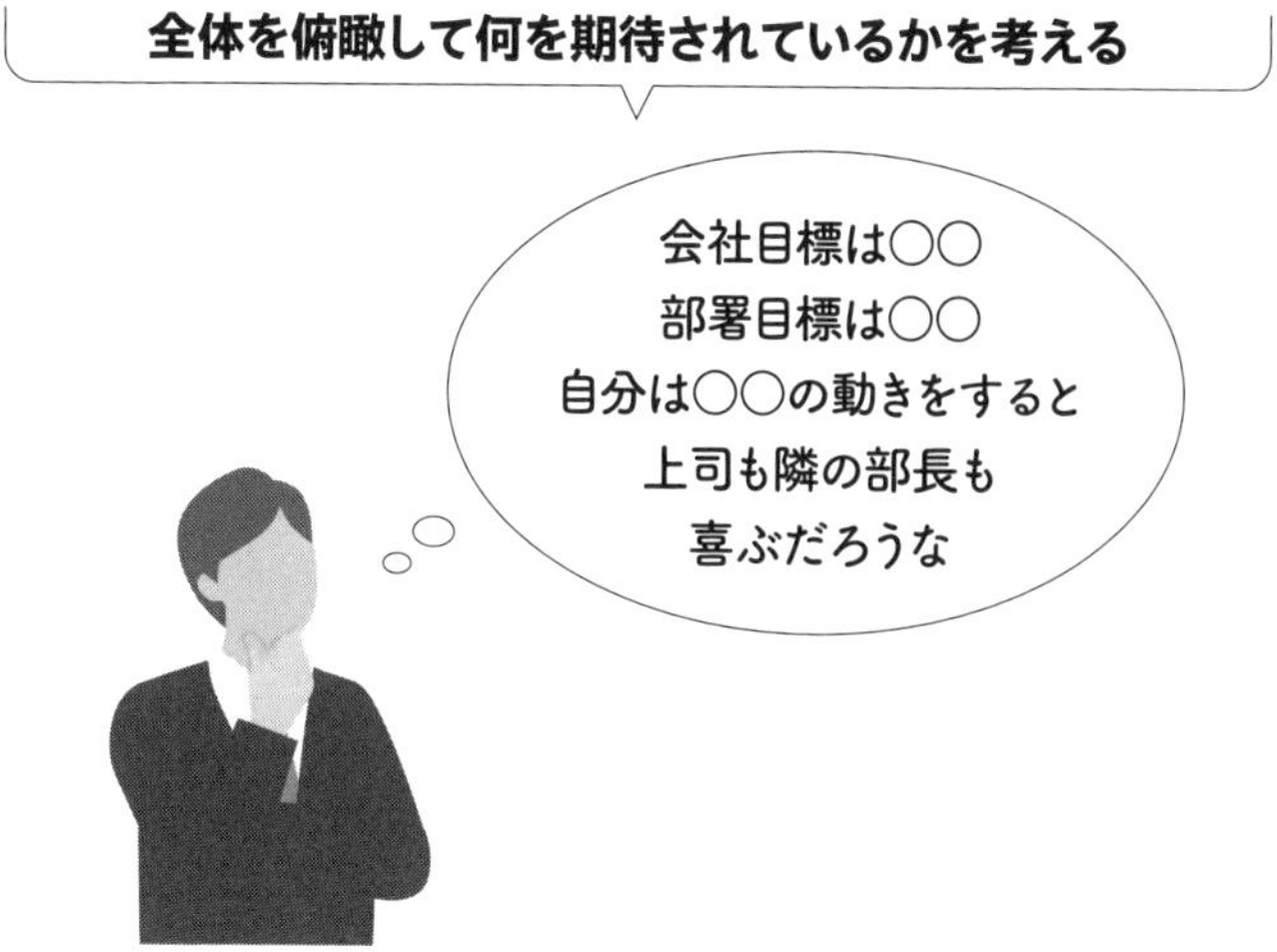
全体を俯瞰して何を期待されているかを考える
会社目標は〇〇
部署目標は〇〇
自分は〇〇の動きをすると
上司も隣の部長も
喜ぶだろうな

「自分に与えられた役割を成し遂げるために、役割の中でできることを全部していく」

ということです。

そして、「どうやったらそうなるかを考えてその通りにやる」のです。

DAY 22

心理開墾力

助け合うことの大切さを忘れないための口ぐせ

口ぐせ 27

「手伝えることない？」

チーム全体が心身ともに余裕がないと、メンバーは自分のことだけで手いっぱいで、他のメンバーを思いやることを忘れがちです。その結果、確認不足で大きなミスが発生したり、メールやチャットのちょっとしたキツい言葉遣いによって人間関係がギクシャクしたりと、「手伝って欲しい」と言えない空気になります。お互いをもっと思いやってみましょう。そのほうが仕事も楽になり、より大きな成果も出せますよ。

コンサルティングをする中で、ある方が、

「私は自分の仕事で手いっぱいなので、もうこれ以上仕事を増やさないでください」

そうおっしゃったことがありました。

気持ちはわかります。

おそらく日々の仕事で心身が疲弊していて、心に余裕がなくなっているのです。だから、悪気はないのに、キツい言い方になってしまう……。

そこで、私は、こんな仏教説話（三尺三寸箸）をお伝えしました。


【ある男が、地獄と極楽を見学することにした。まず地獄に行くと、やせ細った罪人たちが向かい合って食事をしていた。

意外だったのは、テーブルに豪華な料理が並んでいたことだ。ところが、罪人たちの持っていた箸の長さが1メートルほどもあったので、彼らは自分の口にうまく料理を運べず、イライラして喧嘩をしていた。

次に、男は極楽を見に行った。そこでも人々は向かい合って食事をしていた。地獄と同じ長い箸を使っていたが、彼らはお互いがお互いの口に料理を運んであげていた。みんな

笑顔で食べ物を分け合い、楽しそうに食事をしていた】

（参考：「仏教辞典」 https://bukkyouwakaru.com/dic/s34.html）

天国を「心理開墾力の高い組織（倍増チーム）」に、そして料理を「仕事」に置き換えてみると、この話から学ぶことがあると思います。

先ほどの例でも、リーダーやマネジャー、先輩のほうから、「何か手伝えることない？」とメンバーに声をかけるようにしたところ、健全な対話が始まり、お互いが協力し合う文化ができました。

その結果、業務改善が進んで、部署全体の残業時間を減少させることに成功したのです。

「手伝えることない？」

最近、この言葉を使っていなかったなと思ったら、ぜひ口ぐせにしてみてください。

目的・目標を共有すると協力出来る
これ以上
忙しくなるのは
イヤなので
無理です
これやって
くれない？
目的
目標
(目的・目標のために)
何か手伝える
ことない？
ありがとう
ございます!!
目標達成
頑張ります!!

もちろん、上司から声をかけるだけではなく、メンバーのほうから、「何かお手伝いできることはありますか？」と聞いてみるのもいいですね。

お互いがお互いをサポートできる環境づくりを進めていきましょう。

DAY 23

当たり前力

部下を自分で考えて行動させるための口ぐせ

口ぐせ28

「基準は？」

「部下がもう少し自分で考えて行動してくれたらいいのに……」。管理職の方のこういう嘆きをよく聞きます。でも、そこでちょっと考えてみてください。あなたは「自分で考えて行動する」の前提となる「基準」について定義（言語化・数値化）ができているでしょうか？　そこが曖昧だと部下も困ってしまいます。基準を言語化・数値化すると、部下の行動は目に見えて変わっていきますよ。

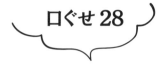

ある会社の店長さんから、こんな相談を受けました。

店長「部下には『お客さまにちゃんとお礼状を出しなさい』と言っているのに、それをやらないいんですよ」

中尾「〝ちゃんと〟の基準は何ですか？」

店長「接客したその日に3行以上の言葉を自筆で書いたお礼状を書いて、その日中に出すことです」

中尾「それって部下に伝わっていますか？」

店長「あっ……。そりゃ、部下もやらないですね」

あなたの周りでも、同様に思い当たることはありませんか。普段から「ちゃんと」「しっかり」「早めに」「丁寧に」などの曖昧な言葉を使っている人はご用心！
具体的に、何をどうすればいいかの基準が、部下に伝わってない可能性がありますよ。
上司の側から、「ちゃんとやるとはどういうことか？」という**判断の基準を、定義（言語化・数値化）**してみてください。それをチームで共有しましょう。

例を挙げるのは難しいのですが、たとえば、こんな感じです。

・しっかり……ダブルチェックをする。規定通りの手順でミスないように　など
・早めに……その日のうちに。指定された納期の前日の正午までに　など
・丁寧に……貴重な美術品を扱うようなつもりで　など

より具体的な例を出せば、たとえば部下が「早くつくれと言われても、品質を犠牲にしてもよいのですか?」などと言ってきたときには、「プラスマイナス5ミリの品質で30分以内に」といった基準を示せばいいわけです。こうしたやり取りを習慣化してください。逆に、部下の側からも、「その指示の基準は何ですか?」と確認していくようにすると、お互い気持ちよく仕事ができるようになりますよね。

なお、このとき上司からは、「なぜその基準なのか?」「自分たちは何を目的に仕事をしているのか?」といったことも対話の中で示すといいと思います。

それを教えることなしに基準だけ決めてしまうと、「決められたこと以外はしない」「柔

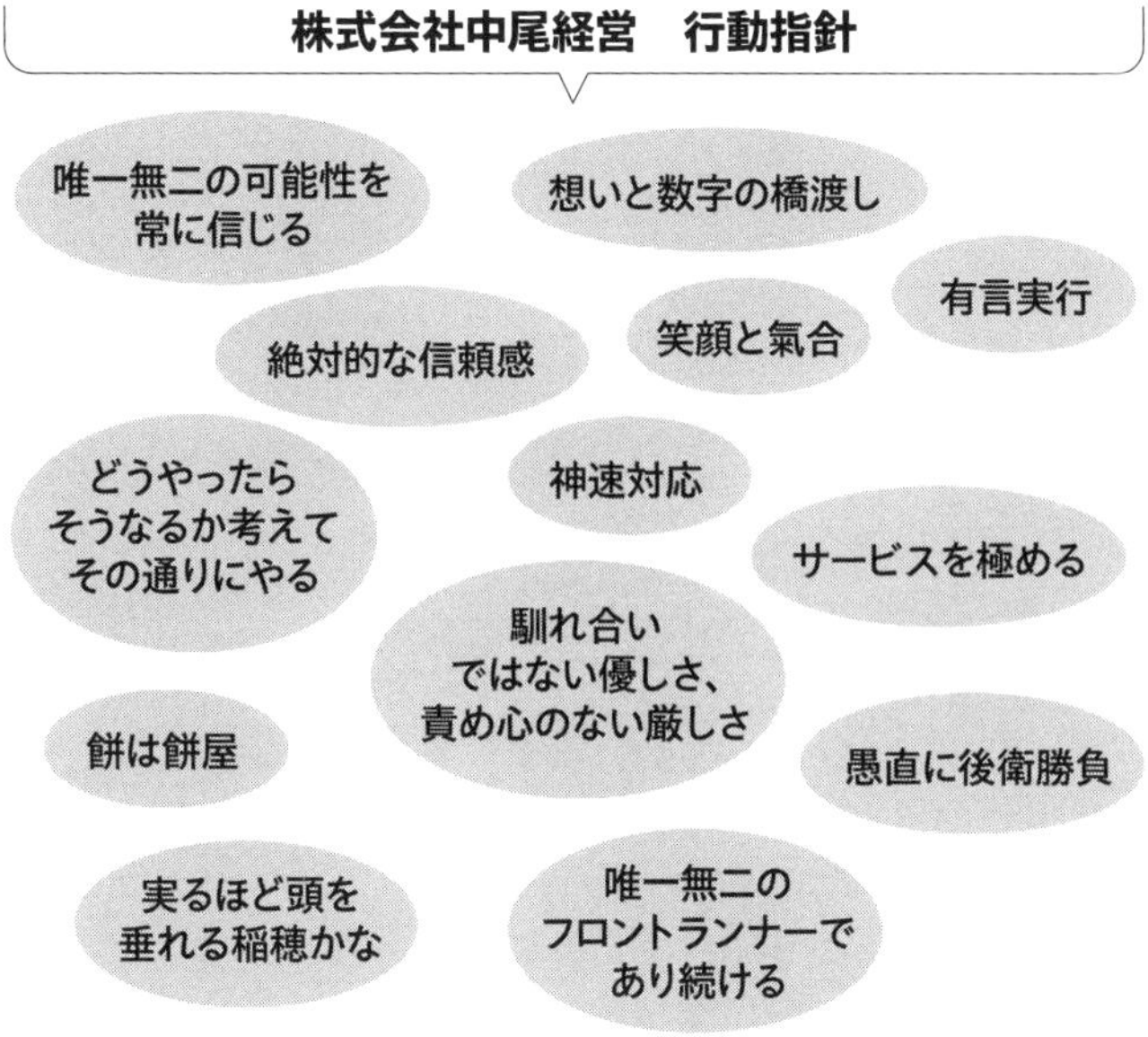
株式会社中尾経営　行動指針
唯一無二の可能性を常に信じる
想いと数字の橋渡し
有言実行
笑顔と氣合
絶対的な信頼感
どうやったらそうなるか考えてその通りにやる
神速対応
サービスを極める
馴れ合いではない優しさ、責め心のない厳しさ
餅は餅屋
愚直に後衛勝負
実るほど頭を垂れる稲穂かな
唯一無二のフロントランナーであり続ける

軟な対応ができない」というマニュアルの弊害も生んでしまうからです。

たとえば、超一流のホテルでは、厳格なマニュアルがある一方で、「クレド」という信条や行動指針が全従業員に共有されているものです。

まったく同じことはできないにしても、管理職がめざすといいと思うのは、こうしたホテルのような「基準の定義と行動指針の共有化」が両立できている環境づくりです。

DAY 24

当たり前力

相手からの信頼を高め、
仕事を円滑に進ませるための口ぐせ

口ぐせ 29

「締め切りは何月何日何時？」

すべての仕事に精密な締め切りを設定する意識を持ってみてください。「今日中に提出する」と言って、その日の夜になっているようなケースはありませんか。言葉としては間違っていませんが、それは自分勝手というものです。これからは相手の都合を考えて、「何月何日何時までに〇〇します」と、伝えるようにしてみてください。ちょっとしたことですが、信頼度が爆上がりしますよ。

人と何かを約束するときに、「今週中」や「〇〇日中」などと伝えることがありますよね。

これって、「金曜日までなの？　土日も入るの？」とか、「その日の午後なの？　23時59分までなの？」などと、いろいろ曖昧です。

そこで、たとえば、**「7月25日15時までに資料を送ります」**と言ってみると、どうでしょう？

相手のほうもその後の予定を立てられますし、自分も明確な締め切りが意識できるので、結果的に有言実行になっていき、「この人は信頼できる！」という評価につながっていきます。

（もちろん、約束した時間は守るのが前提。破ったら逆効果ですよ）

ちょっとしたことですが、これができている人はあまりいないので、信頼度が爆上がりするのです。

小さな目標を守れない人は大きな目標も達成できない

また、この話は、信頼度が上がるということだけではありません。

売上目標を達成できる人とできない人の違いも、相手に配慮しつつ、こういう小さな約束を守れるかどうかの違いだと私は考えます。

話の上手さ？

プレゼン能力の高さ？

人柄が良い？

地頭が良い？

もちろん、そうした要素もありますが、**目標という「大きな約束」を守れる人は、毎日の小さな約束を積み上げている人です。**

・売上１００万円上げる
・そのために50社と商談する
・50社と商談するために50社とアポを取る
・50社とアポを取るために１０００社にアポ電する
・そのために、今日は３００社に電話する
・そのために10時から12時までは電話の時間だ

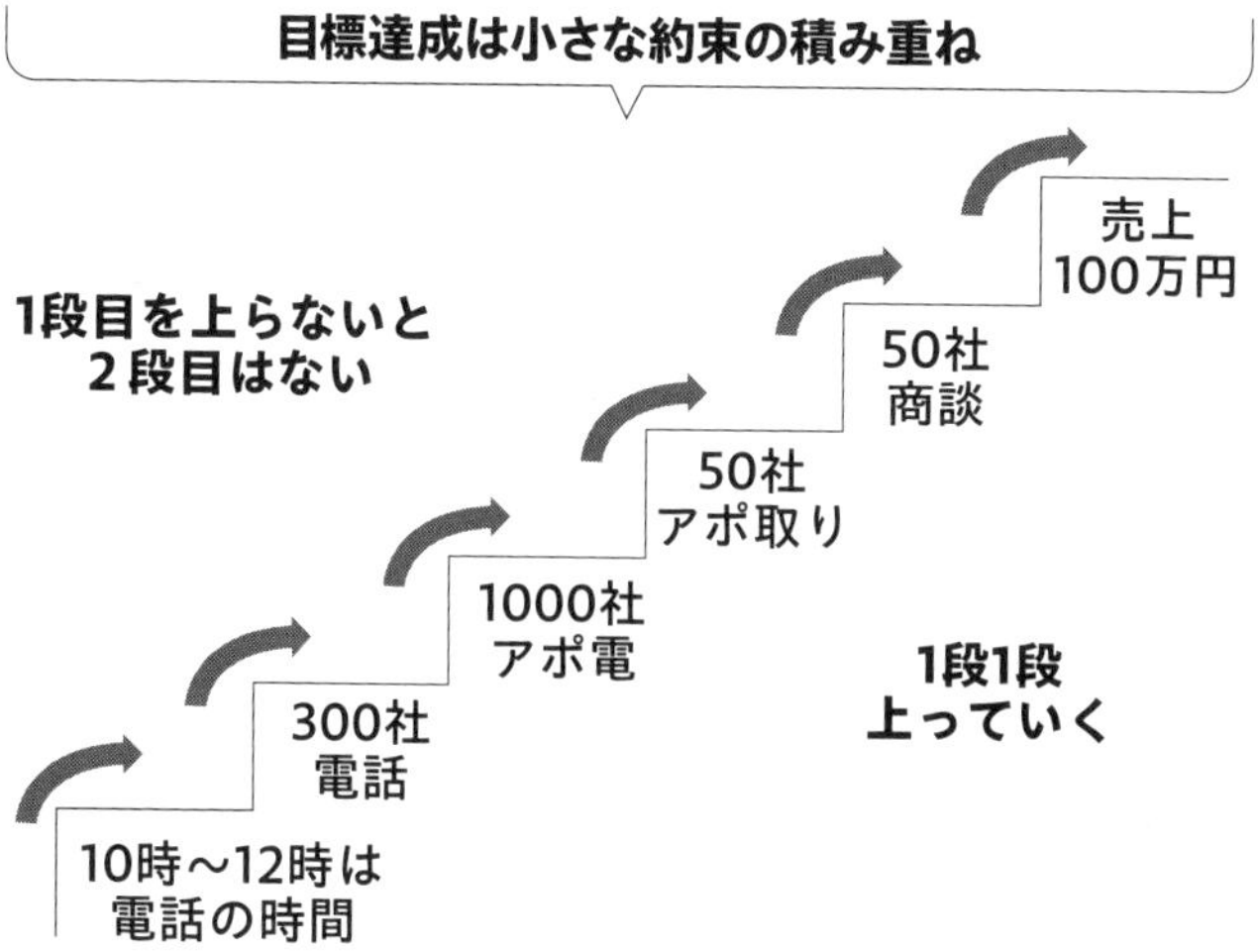

逆に言えば、小さな約束（行動）を守れないから大きな目標が達成できないのですね。

目標達成したいのであれば、目先の小さな約束を守っていきましょう。相手との約束だけではなく、自分との約束も……。

DAY
25

目標設定力

会議の質を高めるための口ぐせ

口ぐせ30

「この会議のゴールは？」

会議や打ち合わせの多さに閉口している会社員は多いと思います。その間、自分の仕事が止まるわけですから、会議の内容によっては「これ本当に必要？」と不満を抱くのも理解できます。会議の質を高め、参加者の自主性を促すためには、その会議の目的をいつも忘れない（自分にも参加者にも問いかける）ことが大事です。

参加者が徒労感を抱く会議には、次のような特徴があります。

・いつも同じ話の繰り返しで、結論が出ずに終わる
・会議で何かを決めたのはいいが、その後、それを実行しない
・何のために集まっているのか、目的が共有化されていない

こんな状況は「会議あるある」ですよね。
会議を質の高いものにするには、以下の三つのポイントがあります。

①目的・目標・タイムスケジュールを決める
②AAP
③会議の最後に決定事項の確認を行う

まず①の説明ですが、会議の目的には主に以下の5つがあります。

・意思決定をする
・情報共有をする
・アイデア出しをする

・討論・意見交換をする
・士気を高める

つまり、**「何のためにこの会議をやるのか？　この会議はどうなればゴールか？　そのためにどんなタイムスケジュールでやるのか？」を、参加メンバー全員に周知して会議を始める**ことが第1のポイントになります。

次に②です。

会議の中ではAAP（安心・安全・ポジティブ）の空気をつくることを意識します。**皆がしかめっ面をして、誰かが意見を出してもすぐに否定意見が出るような会議では、気軽にアイデアを出せなくなってしまいますよね。**アイデアの量自体も減ってしまいます。それを避けるために、「アイデアに正解も不正解もない」ということを参加者全員で確認しましょう。会議のホワイトボードにAAPと書いておくのも効果的です。

最後に③です。

会議の最後には**決定事項の確認**を行いましょう。「いつまでに、誰が、何をするのか？」

の確認をせずに会議が終わると、「結局、何のために集まったんだっけ？」となってしまいます。会議が盛り上がって長引いてしまったときは慌てて締めに入りがちですが、決定事項の確認をする時間を最後に取ると、次の行動につながります。

会議で良い意見が出ないときや、参加者の熱や集中力が低いと感じたときには、ぜひ、**「この会議のゴールって何だったっけ？」**と確認してみましょう。

もっとも、そうした目的意識を常に持つことは、会議だけに限った話ではありません。もはや何のためにやっているのかわからないようなことや、目的と手段が入れ替わってしまっているような施策、誰が決めたのか不思議な謎のローカルルールや、社員同士の不毛な対立などは、あなたの周りにいくらでもあると思います。

大きな目的意識を失わないためにも、常に「このゴールは何だったっけ？」とつぶやく習慣をつけてください。

プライベートも含めて、多くの場面で成果を出すことを助け、時にはあなたを守り、成長させてくれるはずです。

倍増セミナー③

数字を追うだけでは、チームも、メンバーも、自分も幸せになれない

会社員時代のことです。私は社長から会議の席で激しい叱責を受けました。

「君は自分のことだけ考えている。会社全体のことを考えていない！」

そのとき私は正直、「何でだよ？　自分はこんなに頑張っているじゃないか！」と思いました。自分のチームの粗利額を3年間で4倍にしていたからです。

そして社長にこう反論してしまったのです。

「自分の数字を上げて貢献するのがいちばんでしょう？」

しかし、その後独立してみて社長の真意がわかりました。**数字を追うだけでは、チームもメンバーも、そして自分も幸せになれない**のです。

多くの経営コンサルタントは、会社が幸せになるためには売上アップが大事だと思って

いるようです。実はかくいう私も、過去に数字だけを追求して失敗してきた人間です。

経営コンサルタントとして開業した当初、私は「どんな会社の経営も立て直せる」と思っていました。社員700人の中で年間最優秀社員になった経験があったので、成果の出ていない会社やチームの改善点などいくらでも指摘できる自信があったからです。

ところが、クライアントさんが付いても、成果が出ずに契約解除となってしまいます。

なぜ成果が出ないのか、自分でもわかりません。どん底の状態に陥っていた私は、藁をもすがる思いで、さまざまな経営者の会や経営塾や、コンサルティング塾に通いました。

そこで私が学んだのは、**やり方より「あり方」**でした。

ハッとしました。

会社員時代の私は、他人を蹴落としてでも成功しようとしていました。経営コンサルタントとしても、数字の改善だけをめざして正論を振りかざしていました。

「なぜできないんですか？」

「なぜ改善しないんですか？」

この繰り返しでした。

すると、ついに、あるクライアントさん（社長）が私に言ったのです。

「そんなことを言われても、俺にも事情がいろいろあるんだ！」

今は、この社長の気持ちがよくわかります。**人間は、合理的な判断のみで生きているわけではありません。それこそいろいろな事情があり、感情があります。**若いコンサルタントが一方的に正論を語れば、反発を生むのは当然でした。

経営コンサルタントとしてのあり方は、「俺がすごいから従え」ではありません。「誰か一人をできるようにする」でもありません。

・みんなでできるようになるのをサポートする

・チームで稼ぐ力を倍増させる

大きな気づきを得た私は、この二つを自分のミッションとして再スタートすることにしました。

コンサルタントの私が変わったら クライアントさんも劇的に変わった

そんな折、某建具製造会社さんとコンサルティング契約を結びます。

1年目は、社長と専務と私の三人のミーティングを続けました。

ところが、いつも二人の口をついて出るのは、「社員がついてこない」という言葉ばかり。当然のように、成果は出せません。

やはり経営層だけで経営計画を立てても、現場に落とせないと意味がない――。そう考えた私は、全社員参加の6カ月研修を提案しました。テーマは、「営業と工場が協力する体制づくり」です。

研修の第1回目――。どの社員に話を振っても、返ってくるのは一言二言の返事のみ。率直な意見は出てきません。

「これをあと5回もやるのか……」

すっかり弱気になっていた私ですが、改めて自分のミッションを振り返り、自分のすることを整理しました。

現場の人たちは数字を提示されても、数字の目的と達成の方法がわかりません。しかし、そこがわかると行動が変わるはずです。また、経営改善は実際に行動してこそ結果が伴いますが、そもそもマインドが整っていないと行動できません。

これを実行していくためには、三つのポイントが必要だと考えました。

①安心・安全・ポジティブなチームをつくるための「ありがとうカード」

組織を動かすためには「ＡＡＰ（安心・安全・ポジティブ）」な職場環境が整っていることが大事です。そのため、私は研修においてさまざまなＡＡＰファシリテーションを行いました。その一つが「ありがとうカード」です。

会議の前に、全社員同士で相手に感謝するところを紙に書いて渡し、声に出して読んでもらうという仕組みです。その結果、態度や表情の硬かった社員が徐々に笑顔になり、会社全体が和やかなムードになっていきました。

②会社のお金の流れと部署ごとの役割を理解するための「お金のブロックパズル」

「お金のブロックパズル」については１１４ページで解説していますので、ご覧ください。

③ＫＰＩ設定とアクションプラン

ＡＡＰな空気をつくり、会社の数字を自分事として考えられるようになったら、次は目標設定とそれを達成するためのアクションプランの作成です。

これもプロローグで解説していますのでここでは割愛しますが、６回目の研修が終わる頃には、この会社の空気も社員の行動も成果も変わりました。おかげさまで研修の継続も決定したのです。

さて、私がお伝えしたいのはここからです。

コンサルティングに入って3年目に、新型コロナウイルスが蔓延し、世界中で経済活動が止められてしまいました。工事も延期され、先の売上も不透明です。

そこで、社長と専務には経営と営業のコンサルティングを強化しつつ、社員向けにはコロナ禍を乗り越えるための新商品開発研修を行ったところ、15人から33本のアイデアが出ました。その中から選りすぐったものを商品化すると、NHKをはじめ民放各社に取り上げられたほか、『日経トレンディ』や経済誌からも取材を受けました。

それでも利益の回復が難しかったのですが、社員たちは誰一人あきらめません。皆が会社全体のことを考えられるようになっていて、新商品の販売計画を立てたり、アタックリストをつくって新規開拓をするなど、ありとあらゆることを行いました。一人ではなく、みんなで考えて行動したのです。

その結果、1年後には、業績がV字回復を遂げました。

私が嬉しかったのは、私とのコンサルティング契約が終わった後も自主的に経営計画書を基に会社全体で会議を続けており、経常利益が大幅にアップしていること。さらには、私の研修の初回で無反応だった社員たちが、今ではチームリーダーとして会社を引っ張っていることです。

大切なことなので、もう一度繰り返します。**なぜ数字の改善だけでは会社は良くならないのでしょう？　それは社員たちの心を耕していないからです。**

経営改善は実際に行動してこそ結果が伴います。行動はマインドが整っていないとできません。**一人だけでなく全員ができるように当事者意識を持ってもらうには、心を耕した上で前に進む道筋を示すことが必要です。**

私はこれをどの会社でも再現できるように「倍増経営®メソッド」にまとめました。社長も社員も、みんなが幸せになるために、会社の利益が出る行動を全員でする。そのためにＡＡＰな空気づくりから始めること。数字と心の両面から経営改善をする、目標設定力、当たり前力、心理開墾力を鍛えるトレーニングをつくりました。

私は、このトレーニングメソッドを全国の会社と社員の皆さんにお伝えし、心も財布も豊かな日本をつくりたいのです。

巻末特典

倍増リーダーの
心構え

①目標を達成できない人は、達成するための行動が足りていない

私は仕事として「経営の数値目標の達成」をサポートしていますが、その中でも、目標を達成できるクライアントさんとできないクライアントさんがいます。

その違いの原因は簡単です。

達成できないクライアントさんは、「目標を達成するための行動」が足りていないだけなのです。

もちろん、環境の悪さや運・不運もあると思いますが、結局は行動が足りていないことに尽きます。

自分が目標達成をしていないなと思ったら、「そのための行動をしているか？　行動量は足りているか？」と考えてみてください。

②会社やチームの方針に反対する人との対話

以下は、私と、あるセールスパーソンとのやり取りです。

営業A　「会社の方針が古いんです。顧客に足繁く通って仲良くなれと言われるんです。

方針が古いんですよね、もっとSNSとか使って今風に営業しないと……」

中尾「そうなんですね。ではあなたは方針に沿って顧客に対して足繁く通ったのですか？」

営業A「行かないですよ。行っても意味ないじゃないですか。だから、もっといい方法を教えてほしいんです」

中尾「自分のやるべきことをやらない人はやりたいこともできないですよ。会社もその方針にしている理由があります。その理由を考えて、方針に沿って本気で動いてみたらどうでしょうか？　それで結果が出ないのだったら行動を変えればいいですが、やる前から否定していると前に進めないですよ」

ちなみに、営業の売上公式は、「商談社数×成約率×商談単価」なので足繁く通うことには意味があります。ただ、そのときに何のネタもなく話をしてもその人の成長はないので、私はこうアドバイスしました。

中尾「何か仮説を考えて行くようにしてみたらいいんじゃないでしょうか？」

営業A「そうですね、まずは動いてみます」

成果が出ずに悩んでいる方は、まずは「やるべきことは何か？」を考えるのが近道かもしれませんね。

③〝営業〟できていますか？

忙しそうにしている営業職の人に、私が敢えてお聞きする質問があります。

それがタイトルにある「営業できていますか？」です。

「あいさつ回りに行ってるよ」

「既存客の訪問で忙しいよ」

「問い合わせの電話がいっぱいかかってきてるよ」

皆さんの反応はさまざま。それも営業だとは思いますが、私が申し上げている意味は、「新規の顧客開拓の取り組みができていますか？」ということです。

「今年こそ売上いくぞ！」と思われているセールスパーソン、セールスマネジャーの方、その予定に、新規の顧客開拓の取り組みはどれだけ入っているでしょうか？

もし入っていなければ、「今の予定の延長線上に目標達成はあるのか？」を考えてみてください。

なければ、新規の顧客開拓の取り組みを増やしていきましょう。目標（今月、四半期、今年……）の締め切りにはまだ○○日あります。

今から行動を変えていきましょう。

④目標は「率」ではなく「数」で設定する

ＫＰＩ設定をするときには、大事な注意点があります。

目標とするのは「率」ではなく、「数」にしてください。

なぜなら、「率」というのは、分母と分子の関係なので、実数が少なくてもやった気持ちになりやすいこと、そして、自分でコントロールできない要因（相手からの断りなど）の影響が増えるからです。

率というのは何かを公平に比べるとか、傾向を見る上では有効なのですが、利益をきちんと積み上げるという意味では目標として推奨できません。

野球にたとえると、出場試合数を問わない《打率３割３分》のバッターよりも、１シーズンで《２００本のヒット》を打ったバッターのほうが、確実に戦力として計算できます。

営業の実績も同じことなのです。

⑤「業務のステップ表」をつくってメンバーと共有する

メンバーが「忙しい！　忙しい！」と言って重要な仕事を置き去りにしているようなことはありませんか？　そういう人に限って、仕事を指示すると、「今の仕事で手いっぱいなんです。無理です」と返してくるものですよね。

そんなときは「業務のステップ表」をつくって共有することをおススメします。

ここで最も大事なことは、管理職が「ステップ」の意味を理解していることです。ステップとは、「段階」のこと。つまり、業務のステップ表をつくるということは、「ステップ1」ができたら「ステップ2」に進むということであり、いきなり「ステップ4」には行きません。

たとえば、広報部の仕事で考えてみましょう。左の表をご覧ください。

ある業務（この場合はステップ4のSNS発信）が滞っているならば、その前段階の、ステップ3、2、1はできているのかを確認します。

もしできていなかったら、ステップ4は即中止——。できていない段階まで戻ってそち

業務のステップ表

ステップ	内容
ステップ1	今後のセミナー予定を１カ月分ホームページに載せる
ステップ2	今後のセミナー予定を２カ月分ホームページに載せる
ステップ3	セミナー開催記録をホームページに載せる
ステップ4	各種SNSで発信する

らに集中するのです。

その上で、仕事の優先順位でルール違反があったときには、そのメンバーを遠慮なく叱っていいと思います。

上司の仕事は、メンバーが仕事で成果を出すためのサポートであり、成果を出しやすい行動に導くこと。仕事の優先順位のつけ方を教えるのもその一つなのです。

⑥やると決めたら例外は許さない

ある会社の社長さんからお話を伺いました。

その会社は仕組みを整えながら、短期間で業績拡大していたのですが、組織づくりの面では、「新しく制度をつくっても定着しない。何かやろう！　と決めても三日坊主でいつの間にかやらなくなっている」という課題を抱えていたそうです。

そこで、その社長さんが決めたのは、「例外をつくらないこと」。

たとえば、「日報を毎日書く」と決めたならば、出張していようが、上司と一日中会議をしていようが、必ず書く。いかなる理由があろうと例外は認めない——という運営をしたのです。

すると、日報を書くことが当たり前になっていくので、定着しやすくなるわけですね。

新しい習慣や制度が定着しないときには、個人でも組織でも、「こういう場合はやらなくていいかな……」などと例外をつくっていないか考えてみてください。

⑦同僚にアドバイスしたくなったら……

どの世界でも、教えたがりの人は嫌われます。

こちらが頼みもしてないのに、「こうした方がいい」「こう直しなさい」などと言ってくる人は正直、面倒くさいですよね。

とはいえ、仕事においては、直したほうがいい（直してもらわないと困る）こともあります。

私の場合は、自分からはアドバイスしないようにしているのですが、それでも「明らかにこうしたほうがいいのに……」とアドバイスしたくなったときには、提案の仕方を工夫しています。

いきなり核心に触れるのではなく、前振りの話の中で、相手が「何それ？　気になる！教えて！」という状態になってから本題に入るのです。

たとえば、

「この前、他のクライアントさんで、同じような状況のときにあることをやったら、状況が劇的に改善した話があるのですが、聞きたいですか？」

こんなふうに、もしアドバイスしたくなったら「相手はどう提案したら聞く耳を持つかな？」と考えてみてください。

⑧配慮はするけど遠慮はしない！

・メンバーの行動を注意したいとき
・クライアントさんに対して、やってもらわなければいけないことを伝えるとき
・貸していたお金の返還を請求するとき

——このように、相手に対して言いたいけれど、言いにくいことってありますよね。

「ここでこんなことを言ったら空気を悪くするかな？　嫌な人だと思われないかな？」

そう思っていたら何も言えずにその場が終わってしまったような経験は、皆さんにもたくさんあると思います。

しかし、その状況を放置していたら、事態がもっと悪化する可能性があるときには、この言葉を思い出してください。

「配慮はするが、遠慮はしない！」

これはプロ野球の世界で「闘将」と呼ばれた故星野仙一さんの言葉だそうです。

「配慮」とは、思いやりや心遣いのこと。一方、「遠慮」とは行動を控えること。つまり、相手の立場や場の空気を考えた上で、しっかりと行動する——ということでしょう。

私は、昔から「遠慮」はしない性格だったのですが、「配慮」に欠けたため、人間関係でいろいろ失敗してきました。

これからも配慮を意識しながら行動していきます！

⑨目標で叱ると上手くいかない

メンバーの叱り方は難しいですよね。

たとえば、チーム内の取り決めとして「顧客満足度を上げるために見積もりは依頼から30分以内に出す」としたにもかかわらず、仕事が終わらずに言い訳をする社員がいた場合――。

これは「目標」で叱っているので良くないやり方です。

叱るのであれば、見積もりを30分以内に出すための「行動ルール」を決め、それを守らなかったときに叱るほうがいいでしょう。

行動ルールの設定のポイントは、「誰でもできて、傍から見ればやっているかどうか明らかにわかり、その仕事を完了するための行動であること」が大事です。

たとえば、この例の場合は、「見積もり作業中は他の業務をせずに集中すること」をルールにし、これを守らなければ叱るのです。

もし、ルールを守ってもできないのなら叱りません。ルールを変えるか、個人の能力を伸ばせばいいだけだからです。

ちょっとした違いですが、叱られるメンバーにとっては大きな違いです。参考にしてみてください。

⑩提案・企画書の肝は「誰にどんな行動をしてもらうか？」の視点

ビジネスをしていると提案書や企画書を書くことがありますよね。

私も仕事柄、提案書や企画書の添削をするのですが、大事なポイントを押さえていないケースが多々あります。

それは、「この提案書や企画書は、誰にどんな行動をしてもらうためのものか？」という視点です。

たとえば、業務改善提案書であれば、「部長に、提案書に書かれている改善案を社内で実行してもらうために専務に掛け合ってもらう」ことを期待しているわけです。

それが明確になっていない提案書では、いったい何のための書類かわかりません。まさに「画竜点睛を欠く」、です。

この重要なポイントを欠いているのに、体裁やデザインなどを気にして見栄え良くつくったとしても、まったく意味がないのでご注意ください。

⑪良いコンサルタントを見分ける方法

「良いコンサルタントを見分けるにはどうすればいいですか?」

私も、こんな質問を受けることがあります。その会社にとって良いコンサルタントの条件は千差万別ですから、一概には言えません。

ただし、自分なら頼みたくないなと思うコンサルタントはハッキリしています。経営の相談をしたときに、しっかりヒアリングして状態を把握することもせずに解決策を提案するようなコンサルタントです。

たとえば、「売上が上がりません。どうすればいいでしょうか?」と話したときに、ロクに話も聞かず「売れるホームページつくりましょう!」とアドバイスするような人は、本当に顧客のことを考えているのかな?　と疑いたくなりますよね。

ドクターと同じで、患者さんの症状を聞き、背景を聞き、原因を特定して、それに対する処方をアドバイスするから成果が出るのです。

売上を上げたいと相談に来たのに、真の悩みは別のところにあった!――ということはよくあります。

コンサルタント選びは、きちんと話を聞いてくれて、その原因の特定と対処法の提案に対して納得できる人を選ぶとよいと思います。

⑫ 社員同士の喧嘩は合言葉「AAP」で乗り切る

「お前ふざけんなよ!」「何で俺の言う通りにやらんのんじゃ!」

毎月の定例ミーティングのためにクライアントさんの会社を訪問すると、社員同士が怒鳴り合っていました。どうやら、仕事の進め方で意見が合わずに揉めているようです。

どうしたものか? と考えていると、別の社員がこう言ってその場を収めてくれたのです。

「中尾さんも来ているし、AAPでいこうや!」

AAP(安心・安全・ポジティブ)という合言葉を聞いて、感情的になっていた二人も次第にクールダウンしていきました。

こうした共通言語が根付いていると、人間関係が荒れたときにも、すぐに我に返って元のチームに戻りやすくなります。

あなたも、ぜひ「AAP」を共通言語として使ってみてください。

⑬ それは仕組み化されてる? 気合いの話になってない?

私は、「note」という投稿サイトに、毎日ビジネスエッセイを書いていた時期がありました。始めてから1000日以上、毎日投稿できました。

読者の方からは、「忙しいのに、どうやったら1000日も継続できるのですか？」とよく聞かれるので、ここに答えを記しておくと……、一言で言えば「仕組み化」です。

別の言い方をすれば、「意志の力に頼らない方法を考えること」。単なる気合いで頑張るのは限界がありますからね。

私がつくった仕組みは、【Googleカレンダーにスケジュールを入れておき、投稿したら次の日にずらす】というもの――。

Googleカレンダーはスケジュール管理に使っているので、毎日何回も見ます。そこに投稿の予定を入れているから意識もするし、忘れないし、やらなければ気持ちが悪いのです。

何かを継続しようと思ったら、まずは仕組み化することを考えてみてくださいね♪

⑭道徳的な言葉に逃げてはいけない

以前、ある経営者の会の記念式典に出席した際、とても印象に残ることを聞きました。

「道徳的な言葉に逃げるな」という話です。

これは、企業のスローガンによく見られる「人が輝く」とか、「未来に貢献する」といった道徳的で美しい言葉に酔ったり、あるいは言い訳にしてはいけない——ということだと思います。

そうした耳ざわりの良い言葉が好まれる一方で、日本では経営者が「稼ぐ」「儲ける」といった直接的な表現を使うと、眉をひそめる人がいまだに一定数いらっしゃるように思います。日本人は昔からお金の話を忌避《きひ》する傾向があることが、その大きな理由でしょう。

私は、そこに違和感を覚えます。

たとえば、「人が輝く」をスローガンに掲げる会社が、社内報で「輝く社員特集」を企画したとします。

それ自体はとても良いことですが、その後、そこで紹介された社員のモチベーションが上がってもっと数字を上げてくれたのか？　あるいは、その特集を見た他の社員の参考になったのか？　そう考えたときに、少々疑問が生じます。

会社が儲かっていればいいのですが、そうではなく、しっかり稼ぐ（数字を残す）ことができていないのであれば、それこそ本末転倒でしょう。

私は、前述の言葉は、それに対する「警告」だと思いました。

社会的に良さそうな活動をしていることで満足して頑張った気分になるのではなく、

しっかり数字を残し、稼ぎを倍増し、財布も豊かにしましょう。
私も、倍増経営コンサルタントとして、それを全力で応援していきます。

主な参考文献

『心理的安全性のつくり方』 石井遼介
日本能率協会マネジメントセンター、２０２０年
『プロの思考整理術』 和仁達也 かんき出版、２０２１年
『お金の流れが一目でわかる 超★ドンブリ経営のすすめ』 和仁達也
ダイヤモンド社、２０１３年
『若者に辞められると困るので、強く言えません』 横山信弘
東洋経済新報社、２０２４年
『ひとり社長の最強の集客術』 今井孝 ぱる出版、２０２０年
『こうやって、言葉が組織を変えていく。』 生岡直人
ダイヤモンド社、２０２３年

おわりに

最後までお読みくださり、ありがとうございました。

今までたくさんのリーダー、マネジャーの方々と関わる中で、「それって自分のとらえ方（解釈）次第でどうにでもなるよね」という場面に多々遭遇しました。

自分が変われば世界が変わる。その一歩が「口ぐせ」です。

同じ仕事でも、楽しみながらするのか、嫌々するのかで成果は大きく変わります。「口ぐせ」を変えて、三つの力を高め、楽しみながら仕事をすれば、成果は自ずとついてきます。

本書を読んで、「仕事が楽しくなった！」「会社へ行くのが楽しい♪」と思う人が増えて、「ありがとう！」の総量が増える。

結果的に、心も財布も豊かな会社が増えて、皆さんの幸せな時間がもっと増えることにつながれば幸いです。

最後になりましたが、
本書の出版のきっかけをつくってくださった、吉田正美さま
ネタ出しのために毎週朝6時から1年以上伴走してくれた、アナミル
丁寧なヒアリングを通じて私の想いや事例を表現してくださった津田秀晴さま
度重なる濃密なやり取りの中で編集・校正をしてくださった田谷裕章さま
私が関わらせていただいているすべての皆さま
本書を出版するにあたり多大なご支援をいただき、本当にありがとうございました。

2024年9月　中尾　友和

読者限定

無料

プレゼント

「100の口ぐせで
売上UP
売上倍増マップ！」

本書に記した売上倍増方程式を活用して

売上を上げるための口ぐせ100連発！

以下のQRコードまたはURLから受け取ってください。

https://www.nakaokeiei.com/?cn=100012

・特典の配布は予告なく終了する事がございます。予めご了承ください。

・動画、音声、PDFはインターネット上のみでの配信になります。予めご了承ください。

・このプレゼント企画は、中尾友和が実施するものです。
　プレゼント企画に関するお問い合わせは「info@nakaokeiei.com」までお願いいたします。

著者プロフィール

中尾友和（なかお・ともかず）

株式会社中尾経営 代表取締役
倍増経営コンサルタント / 中小企業診断士
1981年生まれ。広島県呉市出身。関西大学文学部哲学科卒業
『伊右衛門』で有名な株式会社福寿園に12年間勤務。当初は「3年で辞めよう」と考える程のやらされ感満載の営業担当だったが、人生の先輩の「口ぐせ」との出会いで人生が一変。新規開拓500店舗超、部署の粗利益4倍増を達成し、社員700人中の年間MVPへと変貌。その経験を「倍増経営術」として体系化し、2016年に起業。以来300社以上の企業で変革を実現。BtoB新規開拓3カ月で71社増や、重点商品拡販キャンペーンで前年比売上576%、紹介件数の倍増など、様々な業界で成果を出し続ける。
「口ぐせが変われば、人生が変わる」をモットーに、年間100日以上登壇。延べ5000人以上に影響を与え、企業と個人の可能性を最大限に引き出す「言葉の錬金術師」として活躍中。

㈱中尾経営　　メルマガ　倍増通信

装丁デザイン／宮澤来美（睦実舎）
本文デザイン・DTP／白石知美、安田浩也（システムタンク）
校正協力／永森加寿子
構成／津田秀晴
編集／田谷裕章

部下が勝手に成果を出す！ リーダーの口ぐせ

初版1刷発行 ● 2024年10月22日

著者
中尾《なかお》 友和《ともかず》

発行者
小川 泰史

発行所
株式会社Clover出版
〒101-0051 東京都千代田区神田神保町2丁目3-1　岩波書店アネックスビル　LEAGUE神保町301
Tel.03(6910)0605　Fax.03(6910)0606　https://cloverpub.jp

印刷所
日本ハイコム株式会社

ISBN978-4-86734-232-9　C0034

本書の内容に関するお問い合わせは、info@cloverpub.jp宛にメールでお願い申し上げます